MENOS es *más*

Enfrentando lo imposible con poca fe

ALFREDO BALLESTA

Puede hacer pedidos de libros de WestBow Press en librerías o poniéndose en contacto con:

WestBow Press
A Division of Thomas Nelson & Zondervan
1663 Liberty Drive
Bloomington, IN 47403
www.westbowpress.com
844-714-3454

ISBN: 978-1-6642-1667-9 (tapa blanda)
ISBN: 978-1-6642-1668-6 (tapa dura)
ISBN: 978-1-6642-1666-2 (libro electrónico)

Número de Control de la Biblioteca del Congreso: 2020925405

Información sobre impresión disponible en la última página.

Fecha de revisión de WestBow Press: 12/21/2020

Quiero agradecer, en primer lugar y por encima de todo, a Dios, quien me ha llevado a experimentar de Él lo que ahora puedo compartir. Le agradezco también a mi esposa (quien me ayudó haciendo el diseño de la portada) y ha tenido la paciencia de acompañarme en cada situación que hemos enfrentado. Gracias, también, a cada persona con quien hemos compartido algún momento de este camino de fe, confiando en Jesús, a veces con solo un poco de fe. ¡Muchas gracias!

¿Alguna vez has estado frente al océano? La mayoría de nosotros disfrutamos de la naturaleza, el sol, el agua, la arena... Pero, ¿te has detenido a pensar en lo grande que es el océano comparado contigo? Sí, es bien grande. Y nosotros bien pequeños.

> *¿Quién midió las aguas con el hueco de su mano y los cielos con su palmo, con tres dedos juntó el polvo de la tierra, y pesó los montes con balanza y con pesas los collados?¿Quién enseñó al Espíritu de Jehová, o le aconsejó enseñándole?¿A quién pidió consejo para ser avisado? ¿Quién le enseñó el camino del juicio, o le enseñó ciencia, o le mostró la senda de la prudencia?He aquí que las naciones le son como la gota de agua que cae del cubo, y como menudo polvo en las balanzas le son estimadas; he aquí que hace desaparecer las islas como polvo.* (Isaías 40:12 - 15)

Dios es mucho más grande que el mar, la tierra o el cielo. Su grandeza no cabe en nuestra imaginación. Si las naciones le son *como menudo polvo*, ¿cuánto más pequeños en comparación seremos cada uno de nosotros?

Sin embargo...

> *Cuando veo tus cielos, obra de tus dedos, La luna y las estrellas que tú formaste, Digo: ¿Qué es el hombre, para que tengas de él memoria, Y el hijo del hombre, para que lo visites?* (Salmos 8:3, 4)

Podemos imaginar que cuando David escribió el salmo 8 había estado observando, no el mar, sino el cielo. ¡Aquello era tan inmenso! Y pensar que todo eso había sido creado por Dios...

"...obra de tus dedos..."

Pero entonces, se dió cuenta de que él mismo estaba hablando con Dios, que Dios se relacionaba con él. Y brotó en sus labios la pregunta que cualquiera de nosotros puede hacerse:

> *¿Qué es el hombre, para que tengas de él memoria, y el hijo del hombre para que lo visites?*

Dicho de otra manera: ¿Quién soy yo para tener este alto privilegio de dirigirte la palabra?

Ante Dios somos insignificantes, y a pesar de eso Dios ha querido relacionarse con nosotros. No solamente relacionarse, sino invitarnos a ser parte de lo que hace.

Si ya creíste en Jesús, te has reconciliado con Dios y has establecido una relación con Él. Es mi oración y esperanza que lo que estás empezando a leer te ayude a cultivar una relación todavía más profunda y fructífera con nuestro Salvador.

Pero ten en cuenta esto: sus matemáticas son diferentes que las nuestras.

Para Él **menos es más**.

Tú y yo somos frágiles, insuficientes y entendemos poco. A pesar de eso, Dios quiere permitir que lo conozcamos y nos lleva a participar de su obra. Eso implica que veamos concretarse lo que sería imposible para nosotros con nuestras limitaciones.

Espero que a través de lo que vas a leer escuches la invitación de Dios a participar en su obra, imposible para ti pero pan comido para Él.

Que Dios te sorprenda llevándote a la experiencia de conocerle más y mejor.

LA INJUSTICIA REINA EN LA TIERRA.

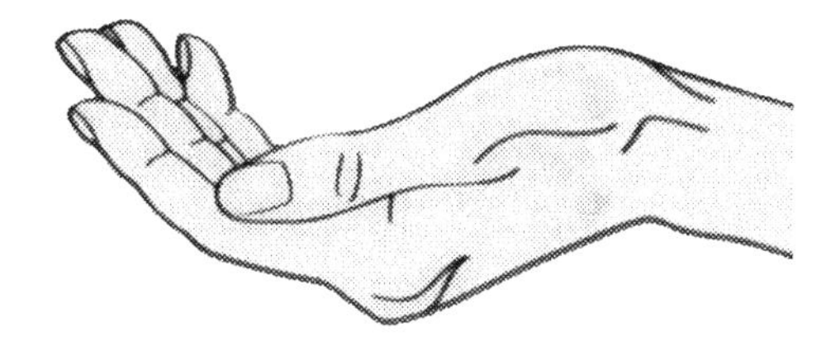

Sí, la injusticia reina en la tierra.

¿Estoy diciendo algo incorrecto? ¿Estoy equivocado al hacer este comentario?

Un policía tenía dificultades para cubrir las necesidades económicas de su familia. Se escucha por ahí que algunos en su situación se involucran con la corrupción y actividades delictivas, pero él no lo hizo. En lugar de eso empezó a dedicar algunas horas, luego de cumplido su turno oficial, para trabajar como guardia de seguridad de una pizzería. El otro día entraron varios delincuentes a asaltar la pizzería y él quiso repeler a los ladrones. Vaciaron la caja registradora mientras uno de los malvivientes le apuntaba con su arma. Ya con el dinero, le disparó fríamente a la cabeza y se retiró.

Aquel hombre tenía 43 años, y deja un vacío enorme en su familia.

¿Te parece injusto? Sí, lo es. Y hay mucho más por todas partes, a tu alrededor, por dondequiera que vayas.

Claro que sé que existen gobiernos, leyes e instituciones encargadas de asegurarse que todo funcione correctamente. Pero aun así sostengo que la injusticia reina en la tierra.

Alcanza con que escuches atentamente el noticiero una sola vez, para que lo confirmes. Puede ser suficiente con que prestes atención a lo que ocurre a tu alrededor, que escuches las quejas y comentarios de quienes son víctimas del abuso de otros, o son objeto de la mentira y la violencia que abundan por todas partes.

Podría alcanzar con que consideres tu propia vida. Casi todos hemos experimentado o estamos experimentado la injusticia en algún área de nuestras vidas.

La injusticia reina en la tierra.

Pero esto no es nuevo, aunque al parecer ha ido en aumento.

¿Por qué pasa todo esto?

¿Cómo puede ser que hayamos avanzado tanto en el campo científico y nos hayamos desarrollado tanto a nivel tecnológico, pero no podamos erradicar la injusticia de nuestras vidas?

Allí es donde algunos aprovechan para deslizar un reproche en contra de Dios. Los he escuchado expresar sus cuestionamientos con preguntas como: "Si de verdad existiera un Dios de amor, ¿cómo va a permitir que sucedan cosas así?".

Y yo respondo: ¿De verdad vas a acusar a Dios por el despojo de las víctimas de la injusticia? ¿No te queda absolutamente claro que todo esto es el resultado de la corrupción que todos llevamos por dentro? ¿No resulta evidente que todos nosotros llevamos por dentro una tendencia a la maldad que muchas veces – en algunos más que en otros – se exterioriza en actos espantosos y devastadores que son capaces de arruinar o acabar con las vidas de los otros? ¿No te das cuenta de que nosotros mismos le hemos cerrado las puertas de nuestras vidas, nuestros hogares y nuestras instituciones a Dios, y luego reclamamos porque no se hace presente para detener la injusticia que nosotros mismos desencadenamos?

Y muchas veces, lamentablemente, el dolor da como fruto más dolor, y la víctima termina convirtiéndose en victimario, y el ciclo se repite, una y otra vez. ¿Hasta cuándo? Hasta cuando se escuche la voz que diga "¡Basta!".

Soy una de esas personas a las que les gusta estar enteradas de lo que sucede a su alrededor. Los medios a los que accedemos hoy en día nos permiten conocer no solamente las noticias sino también las opiniones de quienes las leen o acceden a ellas. ¿Te has puesto a leer los comentarios al pie de las noticias? Puede resultar una experiencia muy reveladora. ¿Sabes cómo reacciona la mayoría? Buscando un culpable; el gobierno se lleva buena parte de la culpa, pero también hay muchos otros: la sociedad, el sistema económico, la familia de los delincuentes, la víctima que se lo buscó de alguna manera, la policía que no actuó cuándo y cómo debería haberlo hecho, y muchos más.

¿Qué piensas tú? ¿Han ocurrido situaciones injustas a tu alrededor? Si es así, ¿cómo reaccionas ante ellas? ¿Por qué suceden esas cosas?

Tal vez esa sea la pregunta clave: ¿Por qué sucede todo esto?

Es obvio que no existen respuestas sencillas a esta pregunta, y tampoco se puede generalizar, porque cada caso es diferente.

Sin embargo, lo que voy a hacer es invitarte a asomar tu vista a una historia bíblica muy antigua y, sorprendentemente para algunos, encontraremos en ella puntos de contacto con lo que nos sucede a nosotros aquí y ahora, y vamos a sentirnos identificados. La meta es que al final, de alguna manera (con la intervención de Dios, el Autor del Libro), encontremos maneras sanas y edificantes de enfrentar nuestros propios conflictos y las injusticias con las que luchamos en nuestras propias vidas.

Lo que vamos a descubrir al considerar esta historia es que muchas veces nosotros mismos tenemos que ver con lo que nos pasa. No siempre nos sobreviene una consecuencia exacta de lo que hacemos, pero la verdad es que nuestras acciones y nuestra manera de vivir tienen consecuencias. Puede suceder que algunas veces no encontremos la conexión entre las situaciones que enfrentamos y nuestro estilo de vida, pero existe.

Suceden muchas cosas injustas, que a veces afectan tu propia vida. A veces, esos acontecimientos pueden tener relación con tu actitud hacia Dios. Por favor, presta atención a eso al considerar este relato.

¿Listo? La historia empieza así:

> *Los hijos de Israel hicieron lo malo ante los ojos de Jehová; y Jehová los entregó en mano de Madián por siete años.Y la mano de Madián prevaleció contra Israel. Y los hijos de Israel, por causa de los madianitas, se hicieron cuevas en los montes, y cavernas, y lugares fortificados.Pues sucedía que cuando Israel había sembrado, subían los madianitas y amalecitas y los hijos del oriente contra ellos; subían y los atacaban.Y acampando contra ellos destruían los frutos de la tierra, hasta llegar a Gaza; y no dejaban qué comer en Israel, ni ovejas, ni bueyes, ni asnos.Porque subían ellos y sus ganados, y venían con sus tiendas en grande multitud como langostas; ellos y sus camellos eran innumerables; así venían a la tierra para devastarla.* (Jueces 6:1 – 5)

Estoy convencido de que esto del avance de la injusticia en medio de la sociedad humana no es algo nuevo. No, definitivamente, es algo que nos ha venido acompañando prácticamente desde el comienzo. Esta vieja historia lo pone de manifiesto.

☞ UN PUEBLO EN PROBLEMAS

El relato nos presenta la situación de un pueblo en problemas. Los israelitas de la historia están pasando por un mal momento, uno que los afectaba personal, familiar y socialmente, impidiendo el desarrollo normal de muchos aspectos de sus vidas.

¿Qué les sucedía? Eran invadidos por *los madianitas, amalecitas, y los hijos del oriente*. Como lo dice el relato, los enemigos llegaban con sus innumerables ejércitos, que a su vez viajaban con el ganado que iban obteniendo luego de sus múltiples victorias, y devoraban todo lo que encontraban a su paso. Lo que no consumían lo pisoteaban, arruinando las cosechas y dejando tras su paso solo pobreza y devastación.

Los israelitas no pudieron seguir con sus vidas normalmente. Aún tuvieron que abandonar sus propias casas y establecerse en *escondites en las montañas y en las cuevas, y en otros lugares donde pudieran defenderse.* Sus vidas peligraban, tenían problemas para acceder a los recursos mínimos para sobrevivir, estaban asustados y el futuro se veía absolutamente incierto.

Me gustaría que volvieras a leer esa última frase. ¿No has estado allí? Probablemente no hayas sido parte de un pueblo que haya sido invadido por el ejército de otra nación, pero de diferentes maneras a veces podemos haber pasado por limitaciones parecidas a las que ellos enfrentaron.

Aquellos continuos ataques afectaban negativamente la economía de los israelitas. No sé cuál sea tu situación económica, pero hay muchas personas en el planeta que experimentan dificultades – ahora mismo – para acceder a las provisiones básicas para sobrevivir. ¿Tienen tú y los tuyos todo lo que necesitan – alimentos, implementos de uso diario, artículos de higiene personal y limpieza, acceso a servicios médicos eficaces y de confianza? Si cuentan con todo eso, deberías darle gracias a Dios. Pero, ¿qué tal el resto?

Aquellos israelitas vivían en la inseguridad. Hoy en día, en nuestra avanzada sociedad del siglo XXI, todavía se vive en la inseguridad. Muchas veces no son los ejércitos extranjeros los que nos amenazan, pero todos los días escuchamos de actos terroristas, agresores inesperados, violencia innecesaria. Sí, hoy en día también, muchas personas experimentan el miedo, y temen por su propia seguridad y la de los suyos.

Cuentan que existieron épocas en las que las personas y sus familias podían estar seguros en una iglesia. No lo des por asegurado en nuestros días.

Se supone que las escuelas, primarias y secundarias, son lugares seguros. ¿Lo son?

Hoy en día son muchas las personas para las que el futuro es algo absolutamente incierto. Los cambios en la sociedad y la economía amenazan la estabilidad de muchos, y lo que antes podía considerarse seguro, ya no lo es. ¿Qué puede hacer que el futuro sea incierto? Una enfermedad puede hacerlo. La ruptura de una relación matrimonial puede poner todo en duda. La pérdida de una fuente de trabajo puede poner todo a temblar.

¿Te das cuenta de que más allá de las diferencias históricas que nos separan de los protagonistas de esta historia bíblica hoy en día estamos expuestos a desafíos que podían compararse con los suyos?

¿Era justo lo que les pasaba a aquellos israelitas? ¿Era justo que sus enemigos aprovecharan su superioridad militar para humillarlos y hacerles pasar necesidad, para quedarse con lo suyo y dejar solamente un rastro de desprecio y pobreza a su paso? No, no era justo.

¿Es justo lo que sucede hoy en día? ¿Es justo lo que te sucede a ti? Si te pones a analizar las situaciones que enfrentas, muchas veces vas a llegar a la conclusión de que no, no es justo. No hay una relación éticamente aceptable entre el proceder egoísta de otros y la manera en que eso te afecta.

Entonces, ¿por qué pasan estas cosas?

Tal vez si observamos lo que sucedió con aquellas personas del pueblo de Israel podamos entender un poco mejor lo que nos sucede a nosotros.

¿Qué fue lo que los llevó a aquella indeseable situación?

☞ ARQUITECTOS DE NUESTRO PROPIO DESTINO

Puede resultar un tanto impactante la forma tan directa en que empieza este relato. ¿Buscabas responsables? La Biblia los presenta sin filtros.

Los hijos de Israel hicieron lo malo ante los ojos de Jehová…

¿Cuánto hace que no escuchas hablar de esta manera? ¿Alguna vez escuchaste a alguien decir: "Esto me pasó por que hice algo que ofendió al Señor"?

No, este no es un tópico popular de conversación, aún cuando podría aplicarse a muchas situaciones. Aquí es un pueblo al que se hace referencia. Con tantas especulaciones que se hacen en busca de las razones por las que la economía, el desarrollo, el índice de desempleo u otros valores de las naciones están mal, nunca se escucha decir: "Es que hemos estado actuando de espaldas a Dios; le hemos ofendido con nuestras acciones".

Es evidente que no es popular hablar del pecado. La mayoría lo considera un concepto anticuado, pasado de moda, que ya no se aplica al comportamiento humano.

Pero hay algo que nadie puede negar: las acciones de las personas traen consecuencias. Lo que tú haces produce resultados.

El hecho es que por una razón o por otra, a pesar de que muchos evitan mencionar el pecado, todos somos conscientes de que nuestras acciones traen consecuencias. Es algo lógico. Si arrojas una piedra hacia arriba será mejor que te pongas a cubierto, porque la piedra volverá a caer; y si imprudentemente te quedas a la intemperie, te puede caer encima y lastimarte.

Pero analicemos un poco mejor esta idea.

¿Puede ser que aún hoy en día el hecho de *hacer lo malo ante los ojos del Señor*, como dice en este pasaje, traiga consecuencias sobre las personas?

Parece ser que la inmensa mayoría de las personas no piensa en esto. No conectan las circunstancias que les afectan con su alejamiento de Dios.

Te animo a realizar este breve ejercicio: Vuelve a leer las primeras palabras del pasaje que acabamos de leer, pero en el lugar donde se menciona a los israelitas coloca el nombre de tu familia.

> *Los... (tu apellido, el nombre de tu familia)... hicieron lo malo ante los ojos de Jehová; y Jehová los entregó en mano de...*

O, si prefieres no considerar a tu familia como un todo, medita como suena esto a nivel personal, utilizando la primera persona y colocando *tu nombre* en el lugar donde se mencionan a los israelitas:

(Tu nombre)... hizo *lo malo ante los ojos de Jehová; y Jehová* le *entregó en mano de...*

¿Reconoces algún momento de tu vida en el que consideres haber hecho cosas que ofendieron al Señor?

¿Qué consecuencias dejó eso en tu vida?

Considerándolo más detenidamente, tenemos que reconocer que esto de hacer algo que ofende al Señor se apoya sobre dos conceptos básicos:

☞ 1) A DIOS LE IMPORTA LO QUE HACEN LAS PERSONAS.

Esto es algo que parece no estar en la mente de la mayoría. Es decir, vamos a ser honestos: todos vivimos la vida como se nos presenta, y tratamos de extraer lo mejor de ella. Procuramos acumular buenas experiencias, y aprovechar todo lo bueno que encontremos a nuestro paso. Y, a decir verdad, no son muchas las ocasiones en las que nos ponemos a considerar si lo que hacemos lo ofende a Dios o no. Pensamos primero en si nos beneficia o no, si nos hace bien o no, si lo pasaremos bien o no. Pero si a Dios le agrada o le ofende... No, no es el pensamiento que la mayoría tiene en mente a la hora de tomar sus decisiones.

¿Por qué lo ignoramos a Dios de esta manera? Porque no lo vemos, y porque preferimos hacer de cuenta que no está, que no ve lo que hacemos ni se entera de por qué lo hacemos. Porque nos engañamos a nosotros mismos pensando que no va a pasar nada si actuamos como si sus mandamientos no existieran. En realidad, ¿no es eso lo que hacen todos?

Muchas personas se escudarían detrás de este cuestionamiento: ¿Le importa a Dios lo que las personas vivimos y lo que hacemos o dejamos de hacer? Sea cual sea nuestra respuesta a esta pregunta, lo cierto es que la mayoría *actúa* como si considerara que a Dios no le importa nada, como si les pareciera que Dios no se inclina a observar lo que pasa aquí y ahora.

Pero ¿sabes? No es así. A Dios sí le importa lo que vivimos. No solamente le importa: a Dios le pesa la injusticia, le molesta la mentira y detesta la violencia:

¡Ay de los que dictan leyes injustas, y prescriben tiranía,para apartar del juicio a los pobres, y para quitar el derecho a los afligidos de mi pueblo; para despojar a las viudas, y robar a los huérfanos!¿Y qué haréis en el día del castigo? ¿A quién os acogeréis para que os ayude, cuando venga de lejos el asolamiento? ¿En dónde dejaréis vuestra gloria? (Isaías 10:1 – 3)

¡Ay de los que en sus camas piensan iniquidad y maquinan el mal, y cuando llega la mañana lo ejecutan, porque tienen en su mano el poder!Codician las heredades, y las roban; y casas, y las toman; oprimen al hombre y a su casa, al hombre y a su heredad.Por tanto, así ha dicho Jehová: He aquí, yo pienso contra esta familia un mal del cual no sacaréis vuestros cuellos, ni andaréis erguidos; porque el tiempo será malo. (Miqueas 2:1 – 3)

Dios es juez justo, Y Dios está airado contra el impío todos los días. (Salmos 7:11)

Podría seguir, y llenaría páginas de citas bíblicas que confirman el hecho de que Dios no vuelve la mirada a un costado en lo que se refiere a lo que pasa entre nosotros los humanos. Dios nos ve, y son muchas – demasiadas – las ocasiones en las que no le gusta para nada lo que ve.

Tómatelo personalmente. Dios ha visto, con toda claridad, lo que está ocurriendo y lo que ha ocurrido en tu vida. No, no estaba mirando para otro lado, y tampoco ha sido indiferente a los momentos en los que has sido tratado con injusticia.

A Dios le corresponde justamente la posición como Juez supremo, como Aquel ante quien todos vamos a tener que rendir cuentas de nuestras acciones y decisiones.

Y de la manera que está establecido para los hombres que mueran una sola vez, y después de esto el juicio,… (Hebreos 9:27)

A Dios le importa lo que ocurre. Es por eso que, en el tiempo de aquel relato, vio claramente que las personas le habían vuelto la espalda y habían obrado "a su manera", en abierta contradicción con sus principios y propósitos.

Eso nos lleva al otro punto.

☞ 2) LAS LEYES UNIVERSALES SÍ EXISTEN.

Vivimos en el mundo del relativismo. Según la opinión de la mayoría, todo es relativo – a cada uno – y eso está a la vista a la luz de las tendencias que se hacen populares en nuestro tiempo.

Ya te habrás encontrado en alguna situación en la que dos personas – tal vez siendo tú una de ellas – descubrieron que tenían posiciones diferentes en cuanto a cierto asunto. No querían enredarse en una discusión inútil, así que sacaron a relucir esa versión bastante popular del respeto y alguien dijo algo así como: "Está bien, no estoy de acuerdo, pero respeto tu posición; tal vez esté bien para ti, aunque para mí sea diferente".

He visto diferentes versiones de esta posición relativa. Algunas personas me han felicitado amablemente por mi fe, alentándome en el sentido de que estaba bien para mí, aunque ellos tuvieran una posición y un estilo de vida totalmente diferente. ¿Cuál era la idea detrás de sus comentarios? Que todas "esas cosas" nos hacen bien. Muchos piensan que todas las ideas religiosas y sus prácticas hacen bien, y que los resultados son todos los mismos.

Si eso fuera cierto, no existirían verdades universales, es decir, leyes o conceptos que se apliquen a todas las personas, sin excepción. Lo mismo valdrían las leyes del Islam que las del Catolicismo, las del ateísmo o las de la iglesia satánica. ¿Es eso así?

Aquella declaración (la de que los israelitas habían *hecho lo malo ante los ojos de Jehová*) parte de la base de que existe un Dios en el cielo, el Creador de todo lo que existe, incluyéndonos, que tiene reglas, leyes, principios que tendrían que regir nuestra existencia conforme a su plan cuando nos creó. Lo que sucede es que los humanos – seres caídos desde que nos alejamos de él, desde que le dimos la espalda – muchas veces hacemos lo que le ofende.

¿Hoy en día también se hace lo que lo ofende a Dios?

Sí. Y de allí las consecuencias.

☞ SI ENCIENDES UN FUEGO, HABRÁ HUMO.

¿Qué sucede cuando obramos así, haciendo oídos sordos a la voluntad de Dios y haciéndonos cargo de nuestras vidas "a nuestra manera"?

Puede ocurrir lo que en aquella ocasión:

> *...y Jehová los entregó...*

Allí es donde nosotros quisiéramos disfrutar "lo mejor de los dos mundos". Quisiéramos hacer lo que se nos antoja y que no existan consecuencias. Quisiéramos que alcance con llevar nuestra "cruz de la suerte" colgada del cuello, y que nos proteja de todo mal y peligro, aunque no tomemos en cuenta los principios de Dios.

Esta es la palabra de advertencia que tenemos que tener muy en cuenta: lo que hacemos tiene consecuencias.

> *No os engañéis; Dios no puede ser burlado: pues todo lo que el hombre sembrare, eso también segará.* (Gálatas 6:7)

Nunca mejor dicho. Las consecuencias de nuestras acciones existen, y muchas veces duelen.

No sé cuántos de los israelitas habrán notado inmediatamente la relación entre su alejamiento de Dios y lo que les estaba ocurriendo. Tal vez al principio hicieron lo que la mayoría de nosotros hace hoy en día: le colocaron la etiqueta de "desgracia" a la situación y trataron de superarla. Pero no fue tan fácil, así que no tuvieron más remedio que pensarlo mejor.

Algunos aquí se detendrían a considerar si habría estado bien que

Dios *los entregara* a sus enemigos, como lo hizo. ¿Esta situación contradice el concepto de que Dios es amor? ¿Cuál habrá sido la intención de Dios al hacerlo? ¿Habrá querido lastimarlos, nada más porque sí?

De ninguna manera. Lo que estaba haciendo Dios era dejar caer sobre ellos el peso de sus propias decisiones, las consecuencias de su manera de conducirse por la vida. Pero no lo hacía con la intención de verlos sufrir ni nada que se le parezca. La intención de Dios, desde el principio, fue que se volvieran a Él, que se acercaran a Él, que recuperaran la relación que tenían con Él antes que aquello sucediera.

Quisiera que miraras tu propia situación, tus circunstancias, a través de este mismo cristal. Dios está obrando en tu vida, a tu alrededor, y a veces sus mensajes más elocuentes no son transmitidos desde el púlpito de una iglesia sino a través de las cosas que te suceden. Tal como aconteció en aquella ocasión con el pueblo de Israel.

Lo que te quiero pedir – lo que creo que todos nosotros tenemos que hacer – es que empieces a prestar mucha atención, porque son muchas las ocasiones en las que Dios nos quiere hablar por medio de nuestras circunstancias. Necesitamos empezar a ver la intervención de Dios en lo que ocurre en nuestras vidas y a nuestro alrededor.

A veces sucede que haces lo que ofende a Dios, y en ocasiones Dios deja caer sobre ti el peso de las consecuencias de tus acciones y decisiones. No lo hace para hundirte ni para destruirte. Al contrario, aunque en el primer momento resulte difícil de comprender, lo hace porque te ama profundamente, y porque te quiere tener a su lado, con todos los privilegios de su amor y de su gracia.

Considera los aspectos en que esta situación afectó al pueblo de Israel cuando ellos ofendieron a Dios con sus acciones y estilo de vida alejado de sus principios.

1. Tuvieron que aislarse. *"...se hicieron cuevas en los montes, y cavernas, y lugares fortificados."* (Jueces 6:2).
2. Tuvieron que asumir una actitud defensiva.
3. Intentaron superar la situación, sin éxito. *"Pues sucedía que cuando Israel había sembrado, subían los madianitas y amalecitas y los hijos del oriente contra ellos; subían y los atacaban."* (Jueces 6:3).

4. Enfrentaron severos problemas económicos. "*Y acampando contra ellos destruían los frutos de la tierra, hasta llegar a Gaza; y no dejaban qué comer en Israel, ni ovejas, ni bueyes, ni asnos. Porque subían ellos y sus ganados, y venían con sus tiendas en grande multitud como langostas; ellos y sus camellos eran innumerables; así venían a la tierra para devastarla.De este modo empobrecía Israel en gran manera por causa de Madián;...*". (Jueces 6:4 – 6).
5. Se sintieron humillados, derrotados y rechazados.

¿Era justo lo que les sucedía? ¿Era justo que viniera uno o varios ejércitos extranjeros y se quedaran injustamente con lo que había sido de ellos, dejándolos prácticamente sin recursos suficientes para su supervivencia?

No. No era justo. Estaban siendo víctimas de la injusticia que reina en la tierra (ya desde entonces).

Claro que ese podría haber sido nuestro veredicto si el pasaje no hubiera comenzando señalando que todo aquello ocurrió como consecuencia del hecho de que los israelitas habían ofendido a Dios con sus acciones y su alejamiento de él.

Ahora piensa esto: estamos considerando la historia de algo que ocurrió algunos miles de años atrás, y sin embargo encontramos a personas que vieron sus vidas afectadas por los problemas de maneras que nosotros también lamentamos y sufrimos. Sí, es cierto que dadas las diferencias históricas, sociales y tecnológicas que nos distinguen de ellos, sus problemas parecen mucho peores de los que tú y yo enfrentamos en estos días. ¿Te imaginas si aquello nos pasara a nosotros y tuviéramos que andar escondiéndonos en frías cavernas sin las comodidades a las que estamos acostumbrados mientras superamos nuestras circunstancias difíciles? ¡Sería horrible!

Pero salvando las diferencias, es posible que en algún momento de tu vida hayas sentido la necesidad de alejarte un tanto de los demás mientras ponías en orden tus pensamientos para enfrentar tus problemas.

Si eres verdaderamente honesto contigo mismo tendrás que reconocer que en diferentes momentos de tu vida te has puesto a la defensiva, probablemente para ponerte a resguardo del ambiente hostil que te rodeaba. Claro que no era una hostilidad tan violenta como la que enfrentaban los israelitas, pero seguro que aquella hostilidad te dolió, y buscaste maneras para disminuir al mínimo el número de heridas que recibieras.

¿Tengo que seguir? Personas como tú y yo podemos sentirnos identificados con el resto también. Nuestra economía puede verse sacudida, de diferentes maneras y a diferente nivel para cada uno. Tú también has intentado superar tus problemas, y en ocasiones no lo has logrado. Casi todos hemos pasado, también, por circunstancias en las que nos hemos sentido humillados o rechazados.

¿Recuerdas todo eso?

Deja que Dios te hable al respecto. Te aseguro que quiere hacerlo.

¿Estás conectando los puntos? Lo que le sucedió al pueblo de Israel en aquella ocasión, ¿no hace sonar algunas alarmas en tu interior? ¿No puede ser que a ti (y tal vez a tu familia, a los tuyos) les acontezca algo similar? Me refiero a que ellos ofendieron a Dios con sus acciones y su estilo de vida, se alejaron de Él, le dieron la espalda, y a continuación se vieron enfrentados con problemas a los que no les veían solución.

¿Te das cuenta de que eso es lo que nos sucede a nosotros muchas veces? ¡Nosotros también le damos la espalda a Dios! ¡Nosotros también lo ignoramos o consideramos que no hay por qué darle tanta importancia a sus mandamientos y enseñanzas! También nos desconectamos de Él procurando vivir la vida "a nuestra manera". Después de todo, ¿no es lo que hacen todos?

¿Cómo es que evaluamos las situaciones que se nos presentan? Considera la frecuencia con la que nos quejamos. Sí, muchas veces somos alcanzados por la injusticia. Nos ponemos a pensar y por lo general llegamos a la conclusión de que la culpa la tiene éste o aquel, el gobierno, la sociedad, la economía. Pero lo que no solemos reconocer es que muchas veces, a pesar de que no parezca haber una conexión entre una cosa y otra, recibimos nada más que las consecuencias de nuestras propias acciones.

El mismo Dios que trató con aquellos hombres y mujeres en aquella ocasión es el que está tratando hoy contigo. Así como lo hizo con ellos,

Dios quiere llamar tu atención. A ellos los entregó en manos de aquellos enemigos, y a ti a veces te ha entregado en manos de los problemas, las dificultades, los obstáculos que se te han presentado en la vida. ¿Sabes por qué? Por que te ama. Porque sabe que ignorándolo y dándole la espalda solo te haces daño. Porque quiere darte la oportunidad de que clames a Él, que lo busques de todo corazón. Dios te está hablando por medio de lo que te pasa.

Así como lo hizo con ellos.

Eso me lleva a algo que me parece tremendamente importante. El relato que estamos considerando es parte del libro de Jueces. Si lo lees completo, encontrarás que el pueblo de Israel repite una y otra vez el ciclo de alejamiento de Dios y búsqueda de Él. Es interesante que aparezca una afirmación que resume lo que se relata en el libro, justamente en su último versículo:

> *En estos días no había rey en Israel; cada uno hacía lo que bien le parecía.* (Jueces 21:25)

Hoy en día le llamamos anarquía, y es la misma cosa. Cada vez que leo la segunda parte de este versículo siento que está describiendo el tiempo en el que vivo.

Sí, todos lo hacemos. Es "normal" (porque es lo que todo el mundo hace). ¿Qué hacemos? Lo que mejor nos parece. Y como todos lo hacen, nos parece que no es tan malo.

Pero lo cierto es que trae consecuencias.

No es injusto que así suceda. Dios ha estado advirtiéndonos todo el tiempo que así sería, pero no lo tomamos en serio. Así que hoy Dios te tiene aquí, llamándote la atención, asomando tu mirada ante el espejo de su Palabra, para que vuelvas a considerar tu manera de conducirte en la vida. No todo lo que pasa es tu culpa, pero sí hay acciones tuyas que traen resultados.

¿No te parece que sería bueno volver a analizar personalmente cómo estás administrando tu vida?

No es el final del camino. El reconocimiento de nuestra responsabilidad es el primer paso para recibir las mejores noticias que hayan sido anunciadas en toda la historia de la humanidad. Jesucristo murió en tu lugar, cargando con las consecuencias de tus malas decisiones.

Pero necesitamos empezar por tomar en serio nuestra condición, por hacernos responsables de lo que no hemos hecho bien.

Si estás dando hoy este primer paso, deja que Dios ilumine cada rincón de tu existencia. Uno se siente incómodo y avergonzado cuando sucede, pero créeme, ese llega a ser tu mejor día, por ser el comienzo de la sanidad y la restauración.

Emprende este camino. Hay restauración para ti.

LOS BENEFICIOS DE UN MOMENTO INDESEABLE

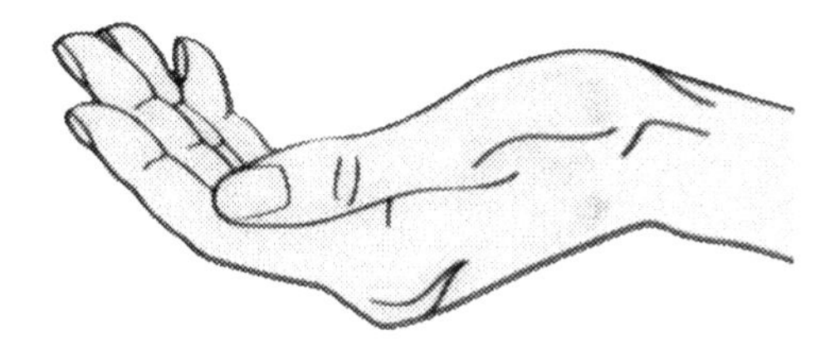

Todos clasificamos los diferentes momentos que vivimos en "buenos" y "malos".

Por ejemplo tú, medita por un momento en tu propia vida. ¿Cuáles dirías que han sido los mejores momentos (o los mejores tiempos, las mejores experiencias) de tu vida? ¿Y los peores? ¿Cuáles han sido? Piénsalo por un momento.

Este ejercicio de memoria puede ser muy revelador. Para la mayoría es más fácil reconocer cuáles han sido las peores experiencias de su vida. Por algún motivo, nuestros mayores pesares se destacan y resulta fácil identificarlos. Pero también hemos vivido buenos momentos, y ellos nos han generado hermosos recuerdos. Para muchos, traer a la memoria los tiempos de alegría es una especie de refugio, una fuente de alivio y energía para enfrentar las diferentes circunstancias que nos toca vivir.

Pero ¿te has puesto a pensar que las cosas que vivimos tienen un propósito, que las cosas no suceden solo porque sí?

El hecho de reconocer que las cosas que vivimos no se producen al azar, que existe un propósito detrás de todo lo que sucede, no es solamente una posición filosófica intelectual, sino que es algo que nos lleva a posicionarnos frente a cada circunstancia que se nos presenta con una actitud diferente.

No es lo mismo pararte frente a tu casa que se incendia solamente para lamentar lo injusto de semejante situación, que hacerlo considerando que hay algo más, que todavía hay un mañana, que existe una razón para que aquello haya ocurrido, y que existe quién tiene el poder para transformar hasta la experiencia más dolorosa en una épica victoria.

Pero esa actitud la decides tú, antes de que todo suceda.

Es por eso que estamos aquí, considerando nuestros buenos y malos momentos. Porque habrá más de esos, de los malos y de los buenos, y tú y yo necesitamos estar preparados para la próxima vez que tengamos que reaccionar ante lo que nos ocurra.

Porque, ¿cómo vas a reaccionar la próxima vez que te suceda algo que no deseas?

En realidad, esta es una pregunta tramposa. Las reacciones no se planifican; se producen. No puedes controlar tus primeras reacciones. Lo que sí puedes hacer es decidir qué hacer una vez que te detienes a pensar en lo que está pasando y puedes desarrollar, con un poco más de calma, un plan de acción para hacerle frente a tu situación.

Considera si algunas de estas son también tus maneras de reaccionar cuando te sucede algo malo:

- **Enojo.** Para algunos, esta es su reacción más típica. Es esa manera de enfrentar las circunstancias elevando un puño al cielo, reconociendo todas las razones por las que lo que está sucediendo es injusto y prometiendo que alguien pagará por aquel mal momento. No decides enojarte: te enojas nomás. Pero ¿alguna vez te pusiste a pensar lo que es el enojo? Lo cierto es que el enojo es un recurso sicológico y físico que se dispara ante el brote de la adversidad. Es una sobrecarga de energía (de hecho, durante el enojo nos aumentan los niveles de adrenalina y somos capaces de duplicar la fuerza que tenemos en situaciones normales). Lo que hay detrás del enojo es el dolor. Siempre. Te enojas porque algo te dolió, algo te lastimó, algo te rompió el corazón. Y si dejas que el enojo controle tus palabras, tus acciones y tus decisiones, terminarás haciendo lo que más adelante lamentarás. Me imagino que no querrás dejar que te domine la ira.

- **Aislamiento.** Hay quienes reaccionan ante la adversidad encerrándose. Es como si te sentaras en el suelo hecho una bola, como si procuraras invocar alguna especie de escudo protector que te rodeara y te pusiera a resguardo de lo que pudiera lastimarte. Si no eres una de las personas que reaccionan así ante los problemas, seguramente identificarás a quienes lo hacen. Cuando viene la dificultad se alejan de los demás, no se encuentran disponibles para la comunicación, no participan en las actividades que antes frecuentaban. ¿Soluciona eso el problema? No. Es solamente una manera de enfrentarlo o procesar la situación.
- **Tristeza.** Bien podrías preguntarme si esta es una reacción. Claro que todos nos ponemos tristes cuando nos sucede algo que nos duele. Tanto el que se enoja como el que se aísla experimentan la tristeza como parte del "paquete" que acompaña la situación indeseable. Pero algunas personas parecen apegarse a la tristeza más que otros. Es como si se detuvieran allí, afectados por esa emoción tan destructiva, sin poder participar de la risa y el canto, como aferrándose a ese tiempo de oscuridad que cae como un manto sobre sus almas. Es en esta situación que algunas personas pueden inclinarse hacia la depresión, ese persistente manto de oscuridad tan difícil de quitarse de encima. En algunos casos, este estancamiento en la tristeza puede relacionarse con la autocompasión, esa posición en la que uno lamenta lo que le ocurre y siente lástima de uno mismo.

- **Búsqueda de soluciones.** Creo que todos buscamos soluciones cuando algo nos sale mal. Algunos, sin embargo, reaccionan inmediata y casi instintivamente en busca de ellas. En lugar de pasar tiempo extendiéndose en la ira, la soledad o la tristeza, uno puede esforzarse en procurar encontrar el camino de salida, buscar la manera en que va a superar el problema. Uno puede decir que esta opción es algo bueno, porque en lugar de dejar que las circunstancias nos dejen congelados nos movemos productivamente hacia lo que queda por delante. El problema, a veces, es que uno manotea cual nadador en problemas en busca de *cualquier* tipo de solución. La verdad es que no todas las propuestas o ideas para enfrentar una situación son buenas, y necesitamos aprender a distinguir la diferencia entre las malas y las buenas.
- **Búsqueda de culpables.** Esta es otra manera natural y típica de reaccionar al encontrarse frente a la dificultad: en seguida te pones a considerar a quién culpar por lo que pasó. Esta reacción se puede relacionar con la del enojo, porque uno busca el culpable y entonces se encarga de descargar su ira sobre esa persona, y eso puede ocurrir de diferentes maneras. Ante esta reacción uno bien podría cuestionarse: ¿Qué solucionamos con nuestras acusaciones? Puede ser una manera muy emocional pero poco práctica de enfrentar las circunstancias difíciles.
- **Búsqueda de aliados.** Creo que también podrás reconocer que esto es algo que todos hacemos: nos damos cuenta de que estamos en problemas, asumimos el daño que la situación está provocando, y entonces miramos alrededor, preguntándonos quién podrá ayudarnos a superar el obstáculo. Esto puede ser muy revelador, porque suele darnos a conocer a quienes realmente les importamos y quienes están dispuestos a extender una mano en caso de necesidad. Al mismo tiempo es bueno que tengamos en cuenta que no todos los aliados son buena compañía. El costo de algunos favores puede ser alto, dependiendo de quién sea la persona a la que recurrimos. No todos los probables proveedores de ayuda nos llevarán por

buen camino una vez superada la dificultad. Recuerda que cuando recurres a alguien en busca de ayuda estableces con esa persona un lazo de confianza que perdura más allá de la prueba.

Entonces sería interesante que te pusieras a pensar en tu propia vida, en cuál es tu manera de reaccionar ante la dificultad. ¿Qué es lo que haces con más frecuencia al encontrarte en problemas? ¿Te enojas? ¿Buscas a quién acusar? ¿Te sumes en la angustia? ¿Sales disparado en busca de la primera solución que aparezca – sea cual sea?

¿Sabes? Es bueno que dediques algo de tiempo a considerar todo esto, en especial si justo ahora no estás experimentando un tiempo en el que los problemas consumen tu energía, tu tiempo y tus pensamientos. El momento de la lucha llegará, y será bueno que ya cuentes con una estrategia, que ya sepas de qué manera enfrentarás, deliberadamente, el camino hacia la solución.

Ahora, hablando de dificultades, reacciones y soluciones, ¿dónde queda Dios y tu relación con Él en el momento de enfrentar la dificultad?

¿Te has dado cuenta de que Dios muchas veces permite que nos sucedan cosas que nos entristecen, nos confunden o nos duelen?

Suena un poco fuerte, pero es así. ¿Te has puesto a pensar por qué sucede? Es decir, los que creemos en Jesús sabemos que nos hemos reconciliado con Dios. Es más, la Palabra de Dios contiene promesas que nos aseguran que Dios está de nuestro lado, que es nuestro Defensor y Protector, nuestro Alto Refugio. Entonces, ¿cómo es que Dios permite que nos sucedan estas cosas que nos confunden y preocupan?

¿Entenderías si te dijera que Dios permite todo eso porque nos ama?

Piensa por un momento en tus problemas, tus dificultades, esos momentos complicados que has tenido que enfrentar en tu vida. ¿Sabes? Dios los permitió porque te ama.

Necesitamos entender esto: Dios comprende perfectamente qué es lo mejor para nuestras vidas, mucho mejor que nosotros mismos. Podemos preguntarnos cien millones de veces cómo es que nuestras dificultades son lo mejor, pero necesitamos confiar en que Dios sabe lo que está haciendo.

Considera por un momento lo que sucedió con el pueblo de Israel en aquella ocasión en la que estaban enfrentando la invasión de sus enemigos.

> *Los hijos de Israel hicieron lo malo ante los ojos de Jehová; y Jehová los entregó en mano de Madián por siete años.Y la mano de Madián prevaleció contra Israel. Y los hijos de Israel, por causa de los madianitas, se hicieron cuevas en los montes, y cavernas, y lugares fortificados.Pues sucedía que cuando Israel había sembrado, subían los madianitas y amalecitas y los hijos del oriente contra ellos; subían y los atacaban.Y acampando contra ellos destruían los frutos de la tierra, hasta llegar a Gaza; y no dejaban qué comer en Israel, ni ovejas, ni bueyes, ni asnos.Porque subían ellos y sus ganados, y venían con sus tiendas en grande multitud como langostas; ellos y sus camellos eran innumerables; así venían a la tierra para devastarla.De este modo empobrecía Israel en gran manera por causa de Madián; y los hijos de Israel clamaron a Jehová. Y cuando los hijos de Israel clamaron a Jehová, a causa de los madianitas,...* (Jueces 6:1 – 7)

Ya hemos considerado la situación del pueblo de Israel en aquella ocasión. Habían ofendido a Dios con sus acciones y su estilo de vida contrario a sus valores, y Dios había permitido que sus enemigos pudieran con ellos. Aquí dice claramente que *Dios los entregó en manos* de sus enemigos.

¿Por qué haría Dios eso? ¿No amaba Dios a su pueblo?

¡Claro que lo amaba! Y justamente porque lo amaba permitió que enfrentaran aquellas difíciles circunstancias. Dios quería llevarlos justamente al punto en que se tuvieran que volver a Él.

Dios quería que clamaran a Él.

Ya consideraremos más adelante lo que sucedió luego que ellos clamaron, pero considero que este punto, este momento en el que ellos reconocen su necesidad de la intervención en sus vidas es radicalmente importante.

Así como lo es para tu vida y para la mía.

La realidad es esta: durante los tiempos de paz y prosperidad nos sentimos tentados a desviar nuestra mirada de Dios. Nos relajamos, nos acomodamos mientras disfrutamos el buen momento y de diferentes maneras dejamos de darle a Dios el lugar que le corresponde en nuestras vidas.

Tú y yo no fuimos creados para vivir alejados de Dios. Nuestras vidas adquieren sentido y se ubican donde tienen que estar cuando experimentamos una relación vibrante y activa con nuestro Creador.

A veces malinterpretamos el amor. Podemos llegar a la conclusión de que el amor consiste en que Dios apruebe y aplauda todo lo que hacemos, aunque lo que hagamos le ofenda y nos aleje de él. Pero Dios es un Padre responsable y amoroso, y a veces va a utilizar la disciplina y la firmeza para devolvernos al buen camino, sabiendo qué es lo que de verdad nos conviene.

Dios permitió que los enemigos atacaran a Israel para volver a escuchar la voz de sus hijos, para bendecirlos con sus respuestas y su presencia, para protegerlos con su dirección y cuidado. Así se ve el amor.

Dios quiere volver a escuchar tu voz. Dios sabe que cuando estás apartado de Él te haces daño y te expones a la mentira, la violencia y la injusticia de este mundo. Por eso a veces va a permitir que lleguen a tu vida circunstancias difíciles, porque cuando las experimentes te volverás a Él.

Clamarás.

Dios quiere escuchar tu clamor.

¿Sabes lo que es clamar a Dios? El clamor no es una de nuestras oraciones habituales, de esas que elevamos a Dios para dar gracias por los alimentos. Clamar es otra forma de expresión.

Podríamos comparar el clamor con las exclamaciones que salen de nuestra boca cuando algo nos duele. Supongo que alguna vez te golpeaste el dedo meñique del pie al tropezarte con algo o te apretaste un dedo con una puerta. ¡Qué dolor! Y justo cuando sentiste el dolor pronunciaste una exclamación que salió de tu boca sin haber sido planificada: "¡Ay!" (esa es la versión corta). El clamor, como una manera de elevar nuestra oración a Dios, es algo parecido. Es nuestra manera de comunicarnos con Él cuando algo nos duele, nos entristece, nos preocupa, cuando la vida nos golpea. El clamor puede ir acompañado de lágrimas, de gritos, de suspiros, de silencios y profundas emociones.

Es la voz de nuestra desesperación. Es nuestro grito de auxilio.

Es nuestro reconocimiento de que necesitamos a Dios desesperadamente, de que necesitamos su auxilio y que no podemos vivir sin Él.

En la Palabra del Señor podemos encontrar esta situación muchas veces. Esta historia de los israelitas oprimidos por los madianitas no es la única ocasión en que se menciona el clamor. Cuando recorres las páginas del libro de Salmos, por ejemplo, encontrarás el clamor y el testimonio de lo que ocurrió cuando clamaron de varios de sus autores.

Una de las promesas favoritas de muchos cristianos es esta:

> *Así ha dicho Jehová, que hizo la tierra, Jehová que la formó para afirmarla; Jehová es su nombre:Clama a mí, y yo te responderé, y te enseñaré cosas grandes y ocultas que tú no conoces.* (Jeremías 33:2, 3)

Dios le dijo estas palabras a Jeremías en un tiempo de mucha dificultad, tanto para él personalmente como para la ciudad de Jerusalén donde estaba. El que hace la promesa se presenta lleno de autoridad, digno, poderoso, Creador de todo lo que existe. Las dificultades que enfrentaban en aquel tiempo no habían hecho disminuir en lo más mínimo el poder y la autoridad de Dios.

Lo mismo sucede en tu vida. Dios no es menos poderoso cuando enfrentas dificultades. Los problemas no son síntoma de que Dios se haya debilitado o distraído. Dios sigue sabiendo lo que está haciendo a pesar de que nosotros no lo entendamos, y sigue obrando para nuestro bien.

Cuando clamamos a Dios nos disponemos para recibir esta promesa. Dios declara en su Palabra que cuando clamemos a Él va a responder, y no solamente eso, sino que abrirá nuestros ojos y nuestro corazón para que comprendamos lo que hasta ese momento no habíamos entendido.

Necesitamos reconocer que hay muchas cosas que nosotros no sabemos, muchas que no entendemos ni conocemos. Pero Dios sí las sabe, y nos las quiere revelar, para que aprendamos y crezcamos, conociéndolo a Él.

Dios quiere darte más de lo que has recibido hasta ahora, quiere que comprendas lo que hasta hoy ha estado oculto de tus ojos.

¿Recuerdas estas palabras de Job?

De oídas te había oído; Mas ahora mis ojos te ven. (Job 42:5)

Job sí que estuvo en problemas, y enfrentó un dolor muy grande. Clamó a Dios (podríamos decir que gran parte de su libro es el contenido de su clamor) y Dios le respondió, y le mostró lo que él antes ni siquiera había podido imaginarse: Dios mismo se le dio a conocer.

Dios quiere llevarte a un nuevo nivel de conocimiento de su persona, y quiere abrir tu corazón para que seas capaz de entender lo que hasta ahora no podías. Solo necesitas confiar en Él y buscarlo con todo el corazón. Clama a Él.

Hay un salmo en particular que considero como un poderoso testimonio del poder del clamor en la vida del que cree. Lee estas palabras con mucha atención:

Alabad a Jehová, porque él es bueno; Porque para siempre es su misericordia.

Díganlo los redimidos de Jehová, Los que ha redimido del poder del enemigo, Y los ha congregado de las tierras, Del oriente y del occidente, Del norte y del sur. Anduvieron perdidos por el desierto, por la soledad sin camino, Sin hallar ciudad en donde vivir. Hambrientos y sedientos, Su alma desfallecía en ellos.

Entonces clamaron a Jehová en su angustia, Y los libró de sus aflicciones. Los dirigió por camino derecho, Para que viniesen a ciudad habitable.

Alaben la misericordia de Jehová, Y sus maravillas para con los hijos de los hombres. Porque sacia al alma menesterosa, Y llena de bien al alma hambrienta.

Algunos moraban en tinieblas y sombra de muerte, Aprisionados en aflicción y en hierros, Por cuanto fueron rebeldes a las palabras de Jehová, Y aborrecieron el consejo del Altísimo. Por eso quebrantó con el trabajo sus corazones; Cayeron, y no hubo quien los ayudase.

Luego que clamaron a Jehová en su angustia, Los libró de sus aflicciones; Los sacó de las tinieblas y de la sombra de muerte, Y rompió sus prisiones.

Alaben la misericordia de Jehová, Y sus maravillas para con los hijos de los hombres. Porque quebrantó las puertas de bronce, Y desmenuzó los cerrojos de hierro.

Fueron afligidos los insensatos, a causa del camino de su rebelión Y a causa de sus maldades; Su alma abominó todo alimento, Y llegaron hasta las puertas de la muerte.

Pero clamaron a Jehová en su angustia, Y los libró de sus aflicciones. Envió su palabra, y los sanó, Y los libró de su ruina.

Alaben la misericordia de Jehová, Y sus maravillas para con los hijos de los hombres; Ofrezcan sacrificios de alabanza, Y publiquen sus obras con júbilo.

Los que descienden al mar en naves, Y hacen negocio en las muchas aguas, Ellos han visto las obras de Jehová, Y sus maravillas en las profundidades. Porque habló, e hizo levantar un viento tempestuoso, Que encrespa sus ondas. Suben a los cielos, descienden a los abismos; Sus almas se derriten con el mal. Tiemblan y titubean como ebrios, Y toda su ciencia es inútil.

Entonces claman a Jehová en su angustia, Y los libra de sus aflicciones. Cambia la tempestad en sosiego, Y se apaciguan sus ondas. Luego se alegran, porque se apaciguaron; Y así los guía al puerto que deseaban.

Alaben la misericordia de Jehová, Y sus maravillas para con los hijos de los hombres. (Salmos 107:1 – 31)

A algunos les podría parecer un pasaje un tanto largo, pero para mí no tiene desperdicio. ¡Cuántas veces me he sentido identificado con estas palabras! ¿Tú no?

Este es el salmo de los que claman a Dios. Este es nuestro testimonio, el de los que hemos buscado a Dios con desesperación, con hambre y sed de su presencia, sin entender por qué ocurría lo que ocurría, pero sabiendo que Él estaba escuchando y había prometido responder.

En el salmo se presentan los testimonios (las situaciones) de diferentes personas que se encontraron cara a cara con la dificultad y el dolor. En algunos casos – aunque necesitamos tener presente que no es en todos – los problemas que estas personas enfrentaban eran, como sucedió también con el pueblo de Israel en la historia que se nos relata en Jueces 6, consecuencia de sus malas decisiones que los alejaron de Dios. Tal vez hayan pensado, dicho o considerado, como lo hacemos nosotros tantas veces, que no iba a pasar nada, que no iban a haber grandes consecuencias si uno se alejaba "un poco" de las enseñanzas de Dios. Luego se vieron envueltos en la tormenta de la dificultad y tuvieron que reconocer que solamente en Dios hay paz, sabiduría, consuelo y fortaleza.

Entonces clamaron a Jehová en su angustia, Y los libró de sus aflicciones.

Luego que clamaron a Jehová en su angustia, Los libró de sus aflicciones...

Pero clamaron a Jehová en su angustia, Y los libró de sus aflicciones.

> *Entonces claman a Jehová en su angustia, Y los libra de sus aflicciones.* (vers. 6, 13, 19, 28)

¿Sabes qué es lo que nos enseñan estas palabras? ¡Que el clamor a Dios sí funciona! Que Dios está allí para escuchar y responder, para extender la mano en cuanto nos volvemos a Él.

Vuelve a leer el Salmo 107. ¿Con cuál de las situaciones te sientes identificado? ¿Cuál de ellas puede representar alguna de las luchas que has enfrentado o estás enfrentando en tu vida?

¿Te has sentido perdido, desorientado, sin saber qué hacer?

¿Andas como si estuvieras encadenado, rodeado de oscuridad y ninguna ayuda humana resulta suficiente?

¿Te ha alcanzado la enfermedad y te llena de angustia tu situación?

¿Sientes como si todo a tu alrededor fuera una inmensa y poderosa tormenta de la que no puedes salir? ¿Sientes como si anduvieras tropezando sin encontrar respuestas?

¡Clama a Dios!

Dios, quien se reveló a nosotros por medio de Jesús, quien nos demostró su eterno amor al entregar a su único Hijo para perdonar nuestros pecados y darnos vida eterna, está anhelando escuchar tu voz. Tu propia alma necesita desesperadamente ese momento en el que clamas con tu voz buscando su presencia y su obra.

No te conformes con leer estas palabras. No tienen ningún sentido si no respondes a ellas buscando a Dios con todo tu corazón. Si este no es tu momento de dificultad, no esperes a estar en medio de la tormenta para empezar a cultivar una relación cercana con Dios.

No mires alrededor en busca de quien pueda orar por ti. Sí, Dios escucha y responde la oración de otros también, pero Él quiere escuchar tu voz. Dios no responde a los líderes de la iglesia más que a ti. Su poder no es más grande cuando ora otro. Dios quiere mostrarte toda su grandeza y su amor como respuesta a *tu oración*. Así que ¡clama a Él!

1. El que clama está en problemas.
2. El que clama reconoce que no puede superar la situación por sus propios medios y que necesita ayuda.

3. El que clama reconoce que Dios tiene poder para ayudarle.
4. Muchas veces, Dios permite nuestras circunstancias difíciles para que nos acerquemos a Él.

Confía. Dios no ha perdido el control. Quiere que le conozcas, y es capaz de transformar lo que parece una derrota definitiva en la más grande de tus victorias.

¡Clama a Dios!

TÓMALO EN SERIO

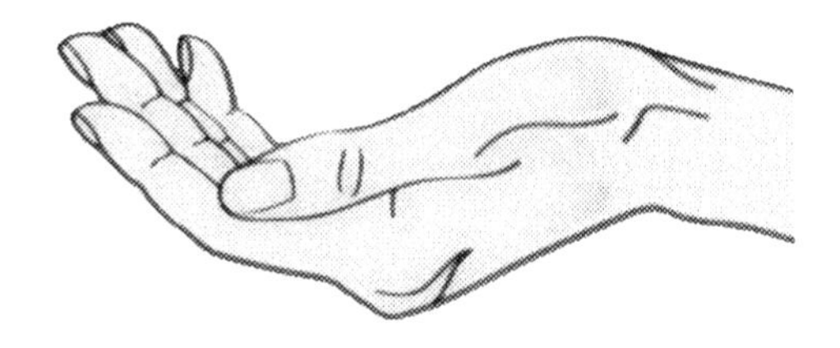

Hay cosas que tomamos en serio, otras que no.

Es algo que todos hacemos.

Si se te aproxima una persona de un metro noventa de estatura con el rostro cubierto y portando un arma de fuego apuntando hacia ti, te sentirás algo más que intimidado. Dejarás a un lado todos tus otros pensamientos y te concentrarás en lo que te ocurre en ese momento. Sentirás el impacto del temor ahogando tus emociones y casi instintivamente alzarás las manos para que la persona no se sienta amenazada de ninguna manera, en un intento por minimizar la posibilidad de que te dispare. En ese momento estarás dispuesto a dar todo lo que llevas encima, si es que la persona te lo pide. Es lógico, me dirás, que tomes muy en serio la amenaza que esa persona representa para ti. Sí, lo tomarás muy en serio.

Pero ¿cuál sería tu reacción si se aparece frente a ti una niña de unos cuatro años apuntándote con su revólver de juguete? Ah, pues, eso sería diferente, ¿no crees? Por supuesto. En ese caso probablemente esbozarías de inmediato una sonrisa, y tal vez hasta te pongas espontáneamente juguetón, haciendo de cuenta que la niña te alcanzó con uno de sus disparos, o quizás coloques tus propios dedos como si fueran también armas, por si tienes que defenderte ante su ataque sorpresivo. Allí no habrá adrenalina ni oraciones espontáneas motivadas por el miedo, sino sonrisas, distensión, y algún comentario simpático para hacer sonreír a la criatura. Con todo respeto para la menor, pero no la tomarás en serio. No representa una amenaza para ti. No, no la tomarás en serio.

Lo mismo pasa con muchas de las situaciones de nuestra vida. Son tantos los valores y circunstancias que manejamos durante nuestra existencia, que de alguna manera los clasificamos, por lo general sin proponérnoslo, conforme a su importancia para nosotros.

Es así que en tu vida hay cosas que tomas en serio, y otras que no.

A veces estamos tan ocupados y acelerados viviendo nuestras vidas, atendiendo nuestros compromisos, alimentando nuestras relaciones y cuidando de nosotros mismos y de los que amamos, que no le dedicamos muchos de nuestros pensamientos a esto. Pero ya que estamos hablando de lo que es importante o no para nosotros, quisiera proponerte que respondieras para ti mismo esta pregunta:

¿Estás tomando en serio las cosas realmente importantes?

¿Sabes por qué te lo pregunto? Porque he descubierto que a veces podemos equivocarnos. Puede ocurrirnos que, tal vez por la velocidad a la que vivimos y la rapidez con la que tomamos decisiones, se nos pasen por alto cosas que son verdaderamente importantes, y a las que tal vez nosotros no les reconocemos el valor.

Puede ser que no estés tomando en serio algo que tendría que ser una prioridad para ti.

¿Qué te parece si lo piensas? Analízalo en tu corazón mientras consideramos esta parte de la historia del pueblo de Israel. En algún momento, ellos tampoco tomaron en serio lo que era de vital importancia para sus vidas.

> *Y cuando los hijos de Israel clamaron a Jehová, a causa de los madianitas, Jehová envió a los hijos de Israel un varón profeta, el cual les dijo: Así ha dicho Jehová Dios de Israel: Yo*

> *os hice salir de Egipto, y os saqué de la casa de servidumbre. Os libré de mano de los egipcios, y de mano de todos los que os afligieron, a los cuales eché de delante de vosotros, y os di su tierra; y os dije: Yo soy Jehová vuestro Dios; no temáis a los dioses de los amorreos, en cuya tierra habitáis; pero no habéis obedecido a mi voz.* (Jueces 6:7 – 10)

Tomemos un momento para recordar lo que estaba sucediendo en la vida de Israel como nación en aquel tiempo. Estaban en problemas. Tenían problemas económicos, sociales, culturales, y de toda índole. ¿Por qué? Porque sus enemigos eran más poderosos que ellos, tenían ejércitos muy numerosos con los que invadían su territorio, consumían sus recursos y destrozaban sus cosechas. Estaban siendo víctimas de la violencia y el abuso de sus enemigos.

Fue en esas circunstancias que clamaron a Dios. En el versículo anterior a lo que acabamos de leer, dice esto:

> *De este modo empobrecía Israel en gran manera por causa de Madián; y los hijos de Israel clamaron a Jehová.* (Jueces 6:6)

Cuando percibieron que sus problemas los superaban, clamaron a Dios. No se limitaron a orar; *clamaron*. Estaban en la miseria, y probablemente temieran que aquello se prolongara hasta que dejaran de existir. Entonces *clamaron* a Dios buscando su ayuda.

Es posible que a ti también te haya pasado, que hayas tenido que enfrentar circunstancias difíciles en las que llegaste a ese nivel de desesperación en el que clamas a Dios con todo tu corazón, con angustia, con la esperanza de que Dios intervenga para ponerle fin al agobiante peso de la dificultad.

☞ CUANDO RECIBES LO QUE NO ESTÁS PIDIENDO

Si estuviste allí, en una situación así, es seguro que lo que esperabas y deseabas era que Dios interviniera inmediatamente dando por finalizado el problema, manifestando la solución instantánea que le pusiera fin a los tiempos de la preocupación y el dolor.

Estoy convencido de que eso era lo que el pueblo de Israel esperaba que sucediera cuando clamaron a Dios motivados por su angustia. Sentían que ya no daban más, carecían de soluciones, y esperaban que Dios se hiciera presente ya, sin demorar, para librarlos de la opresión.

Y, de hecho, Dios podía hacerlo. Dios podía haber enviado el ejército de otra nación más poderosa que los madianitas para que los derrotara o los pusiera en fuga para luego irse a otra parte para seguir conquistando, dejando a Israel libre de sus problemas. Podría haber enviado una plaga, un terremoto, una lluvia de granizo de gran tamaño que derrotara aquel poderoso ejército invasor. Podría haberlo hecho, por supuesto.

Pero no lo hizo.

En lugar de eso, hizo otra cosa.

A la mayoría de las personas les resulta molesto si piden algo y reciben una cosa diferente. Es algo que nos ocurre desde que éramos niños. Imagina al niño que pidió su juguete favorito para su cumpleaños, pero su mamá, en lugar de eso, le hace otro obsequio. Puede que existan niños que lo tomen bien o que comprendan que ya tendrán su pedido en alguna otra ocasión, pero muchos de los pequeños infantes pueden hacer un largo berrinche por no haber recibido lo que habían pedido o esperaban. Y ya han entendido que su llanto tiene la capacidad de producir cambios en el humor y las decisiones de sus mayores, así que lo expresarán con intensidad.

Algo similar, pero ya cuando somos mayores, puede ocurrir cuando estamos en un restaurant. ¿No resultaría tremendamente frustrante y falto de respeto si cuando nos traen la comida resulta que no es lo que hemos pedido? Hay quienes se enojarían y alzarían la voz para reclamar lo que pidieron en primer lugar. Y una disculpa.

Más aún, en aquella ocasión el pueblo de Israel estaba en problemas, y habían clamado a Dios pidiendo su intervención para ayudarlos a superar la complicada situación en la que estaban. No estaban pidiendo que se les hiciera un gusto o que se les concediera un capricho al azar. Tenían problemas reales, y necesitaban soluciones urgentes.

Fue entonces que experimentaron que Dios, en muchas ocasiones, no hace las cosas a nuestra manera, sino a ***su*** manera. Él es Dios, y de verdad sabe qué es lo que realmente nos conviene, aunque nosotros, en determinado momento, lo veamos de otra manera.

Dios no les mandó un ejército; les mandó un mensajero.

¿Alguna vez te ha sucedido algo parecido?

Si en este momento no identificas alguna experiencia en la que te haya ocurrido algo semejante, aun así, piensa al respecto. Es algo que te puede suceder.

La oración es un recurso maravilloso, el más poderoso con que contamos. El simple hecho de poder dirigirle nuestra voz y nuestras palabras a nuestro Creador, sabiendo que Él nos escucha y que prometió respondernos, es algo tremendo. Pero es en la oración que descubrimos, tal vez de una manera más clara que en otros momentos, que Dios no hace las cosas *como a nosotros nos parece bien*.

Otro aspecto a considerar es el del momento adecuado. En ocasiones pedimos algo sintiendo que lo necesitamos con tanta urgencia que tiene que llegar *ahora, sin demora*. Pero los tiempos de Dios pueden ser diferentes. Puede ocurrir que estando en el fragor de la batalla no logremos comprender el beneficio de la aparente demora en la respuesta de Dios, pero necesitamos aprender a confiar, porque Él *realmente* sabe qué es lo mejor.

☞ HAZ UNA PAUSA Y CONSIDERA

Somos personas de acción. Bueno, al menos la mayoría lo son. Cuando hacemos algo, y en especial cuando *necesitamos* algo, no solemos tomarnos pausas o detenernos. Procuramos ir directo al punto, por el camino más corto posible hacia la resolución de la situación.

Pero, supongo que lo habrás notado en esta historia, Dios a veces nos llama a hacer una pausa. Dios quiere que saquemos el mejor provecho posible de las situaciones que enfrentamos. Nuestras circunstancias no son solamente "cosas que pasan", eventos que nos han sucedido por coincidencia, "cosas de la vida". Todo lo que vivimos tiene un propósito, y hay algo que necesitamos aprender en cada momento de nuestras vidas.

Sé que esto no es algo que haces ante cada situación que enfrentas. Tampoco yo lo hago. Pero necesitamos aprender que estamos tratando con Dios, que el Padre procura llamar nuestra atención y que no tenemos que ignorarlo.

Eso fue lo que Dios hizo cuando los israelitas clamaron por su ayuda ante las difíciles circunstancias que enfrentaban. Los llamó a hacer una pausa y a considerar su situación espiritual.

Esta es una verdad que creo que necesitamos asumir:

Dios quiere que sepas cuál es tu condición espiritual.

La mayoría de las personas se conforma con evaluar los aspectos materiales de lo que viven. ¿Están sanos? ¿Tienen un plato de comida en la mesa? ¿Tienen dinero en su cuenta bancaria? ¿Cuentan con alguien con quien pasar algún momento agradable? Si las respuestas a estas preguntas más o menos superficiales es afirmativa, entonces ¿para qué preocuparse? "La vida es una sola y hay que disfrutarla", dirían. Y eso procuran hacer, sin pausas, sin tomar en serio su propia situación espiritual, aunque Dios les llame la atención y procure hacerles razonar en cuanto al camino por el que van transitando.

Por favor, no hagas lo mismo. Si Dios te está llamando la atención en este tiempo, detente, trata con Dios, aprende lo que quiere enseñarte, conócele y escucha su voz.

Eso fue lo que quiso hacer Dios antes de responder proveyendo para la necesidad de su pueblo.

Así que Dios, cuando el pueblo clamó por su ayuda, les mandó un profeta. Y ¿qué fue lo que el profeta tuvo para decirles?

☞ 1. RECONSIDEREMOS QUIÉN ES DIOS

Las palabras fueron registradas con un alto grado de exactitud. El profeta dijo:

> *"Así ha dicho Jehová Dios de Israel..."*

Espera, no dejes pasar esta introducción al mensaje de Dios como si fuera nada más que eso. Estas palabras quieren decir algo.

Aquel profeta humilde y anónimo (ni siquiera se nos menciona el nombre del mensajero de Dios) cumplió con su misión de transmitir las palabras del Todopoderoso empezando como lo hicieron el resto de los profetas del Antiguo Testamento. Comenzó diciendo *"Así dice el Señor"*.

Eso no tendría por qué sorprendernos mucho. Aquel hombre estaba aclarando que lo que iba a decirles no era su propia opinión acerca de lo que estaba ocurriendo, sino que estaba comunicando la Palabra de Dios, el mensaje del Creador. Pero exactamente a continuación hizo una aclaración más:

> *...Dios de Israel.*

Estas palabras son algo así como la firma de Dios al pie del mensaje que estaba por ser comunicado. El que remitía estas palabras era el propio Dios de Israel.

Los hijos de Dios habían clamado por su ayuda, y Él les estaba respondiendo. Lo hace dejando en claro quién es el que les habla, el *Yo Soy*, el Dios del pueblo de Israel. Para ellos, esta presentación tenía un significado muy importante. El que les hablaba no era solamente "Dios", sino que era *su* Dios.

Los israelitas sabían muy bien que las naciones alrededor adoraban a otros dioses, tenían sus ídolos y honraban a numerosas deidades. Pero el que se dirigía a ellos, aquel a quién habían clamado era *su* Dios, el Dios de Israel.

Este no es un reconocimiento de que existan otros dioses válidos o comparables con Dios.

> *No por ser vosotros más que todos los pueblos os ha querido Jehová y os ha escogido, pues vosotros erais el más insignificante de todos los pueblos; sino por cuanto Jehová os amó, y quiso guardar el juramento que juró a vuestros padres, os ha sacado Jehová con mano poderosa, y os ha rescatado de servidumbre, de la mano de Faraón rey de*

> *Egipto.Conoce, pues, que Jehová tu Dios es Dios, Dios fiel, que guarda el pacto y la misericordia a los que le aman y guardan sus mandamientos, hasta mil generaciones....* (Deuteronomio 7:7 – 9)

¿Te queda claro? El Gran Yo Soy es el único Dios verdadero, el Creador, Dios fiel. Dios quería que sus hijos supieran que era él quien les hablaba.

Al mismo tiempo, el hecho de que se presentara como el Dios de Israel era un recordatorio del pacto. Dios había hecho un convenio con el pueblo de Israel, un pacto sobre el que se apoyaban todas sus promesas y que hacía que la relación que había entre él y los israelitas fuera diferente de su relación con cualquier otro pueblo.

> *...y os tomaré por mi pueblo y seré vuestro Dios; y vosotros sabréis que yo soy Jehová vuestro Dios, que os sacó de debajo de las tareas pesadas de Egipto.* (Éxodo 6:7)

> *...y andaré entre vosotros, y yo seré vuestro Dios, y vosotros seréis mi pueblo.* (Levítico 26:12)

No era "cualquier Dios" el que se dirigía a Israel con aquellas palabras: era *su* Dios. Entre ellos había un pacto, y Dios era fiel a ese pacto.

El pueblo de Israel había sido infiel a ese pacto, pero Dios no lo daba por invalidado. Seguía siendo fiel a aquel pacto, y al hablarles se los recordaba.

Israel demostró en muchas ocasiones su capacidad para quebrantar el pacto de Dios, fallando una y otra vez. Por eso llegó un momento en que Dios hizo una promesa muy solemne, que nos afecta:

> *He aquí que vienen días, dice Jehová, en los cuales haré nuevo pacto con la casa de Israel y con la casa de Judá. No como el pacto que hice con sus padres el día que tomé su mano para sacarlos de la tierra de Egipto; porque ellos invalidaron*

> *mi pacto, aunque fui yo un marido para ellos, dice Jehová. Pero este es el pacto que haré con la casa de Israel después de aquellos días, dice Jehová: Daré mi ley en su mente, y la escribiré en su corazón; y yo seré a ellos por Dios, y ellos me serán por pueblo. Y no enseñará más ninguno a su prójimo, ni ninguno a su hermano, diciendo: Conoce a Jehová; porque todos me conocerán, desde el más pequeño de ellos hasta el más grande, dice Jehová; porque perdonaré la maldad de ellos, y no me acordaré más de su pecado.* (Jeremías 31:31 – 34)

Estas palabras encuentran perfecto cumplimiento por medio de la obra, el sacrificio y la resurrección de Jesucristo por nosotros. Dios nunca dejó de tener la intención de ser *nuestro* Dios. Por medio de Jesús, Dios hizo extensiva esta relación de pacto con Él, para que todos los que creemos en Jesús seamos *sus hijos.*

Creo que todos nosotros necesitamos hacer una pausa, aún mientras consideramos la urgencia de nuestros problemas y nuestra necesidad de soluciones, para volvernos a Dios, para acercarnos al Dios que hizo aquel pacto con nosotros en la cruz, cuando Jesús derramó su sangre por nosotros.

Así como los israelitas en aquel tiempo, los que creemos en Jesús también tenemos una relación especial con Dios, y Él se nos presenta, así como a ellos, como *nuestro* Dios. Si tú crees en Jesucristo, necesitas escuchar la voz de *tu* Dios. Dios ya no es simplemente "Dios" para ti, sino que es *Emanuel* (Dios con nosotros), y como bien nos lo enseñó nuestro Salvador, es nuestro *Padre.* Sí, Dios no es simplemente "Dios" para nosotros, una entidad espiritual desconectada de nuestras vidas, nuestras necesidades, nuestro desempeño. Dios es *nuestro* Dios, el Padre.

☞ 2. HAGAMOS MEMORIA. RECORDEMOS LO QUE DIOS HIZO.

Así que clamaste a Dios. ¡Bien hecho! Dios va a responder. Pero sería bueno que recordaras que esta no es la primera vez que tratas con Dios, esta no es la primera vez que Dios interviene en tu vida. Reconsidera tu historia y recuerda: Dios estuvo allí antes.

Eso fue lo que Dios hizo con Israel cuando clamaron a él.

> *Os libré de mano de los egipcios, y de mano de todos los que os afligieron, a los cuales eché de delante de vosotros, y os di su tierra; y os dije: Yo soy Jehová vuestro Dios; no temáis a los dioses de los amorreos, en cuya tierra habitáis...*

No, aquella no era la primera ocasión en la que el pueblo de Israel se relacionaba con Dios. Había toda una historia, experiencias vividas, victorias obtenidas, en las que Dios había intervenido a su favor. Cuando su pueblo clamó a Él, Dios se tomó el trabajo de recordarles lo que había hecho por ellos anteriormente. Aquel pueblo tenía mucho que celebrar por su relación con Dios. Habían sido escogidos entre todas las demás naciones como pueblo de Dios, habían sido rescatados de la esclavitud cuando eran oprimidos en Egipto, se les había entregado una tierra de la que Dios mismo expulsó a sus opresores. Sí, tenían mucho que agradecerle a Dios.

Ahora, esta es también una llamada de atención para nosotros, quienes ahora clamamos a Dios. Sí, gracias a Dios que escucha y responde nuestras oraciones, pero, por favor, ¡no te olvides de quién es Dios y lo que ha hecho por ti!

Quisiera pedirte un favor que considero muy importante para ti: antes de seguir leyendo toma algún tiempo para responder a esta pregunta:

¿Qué diría (o dice) Dios cuando tú clamas a Él en este tiempo y se dirige a ti para recordarte lo que ha hecho en tu vida en otras ocasiones? Toma algún tiempo para recordar cómo Dios intervino en tu vida en el pasado.

No hay duda de que todos los que creemos en Jesús tenemos mucho que agradecerle a Dios. En algún momento estuvimos ciegos, como todos los demás, siendo ignorantes al amor, la gracia y el poder de Dios.

> *En otro tiempo ustedes estaban muertos en sus transgresiones y pecados, en los cuales andaban conforme a los poderes*

> *de este mundo. Se conducían según el que gobierna las tinieblas, según el espíritu que ahora ejerce su poder en los que viven en la desobediencia. En ese tiempo también todos nosotros vivíamos como ellos, impulsados por nuestros deseos pecaminosos, siguiendo nuestra propia voluntad y nuestros propósitos. Como los demás, éramos por naturaleza objeto de la ira de Dios.* (Efesios 2:1 – 3)

No te olvides, por favor, no olvides lo que hizo Dios por ti. Dios no quería que su pueblo olvidara lo que había hecho por ellos, y tampoco quiere hoy en día que nosotros olvidemos la inmensa obra que ha hecho para salvarnos, para abrir nuestros ojos a la salvación que hay en Jesucristo, para perdonar nuestros pecados, para renovar nuestra esperanza, para reconciliarnos con él, para poner paz en nuestros corazones.

No. Dios no quiere que olvides.

Es más, Dios quiere que lo tengas presente cada uno de tus días.

Y no se trata solamente de su obra para salvarnos. Seguramente esta no es la primera vez que clamas a Dios en busca de ayuda. A lo largo de nuestra vida, los cristianos vamos sumando experiencias en las que la intervención de Dios ha sido vital para que pudiéramos salir adelante. ¿Qué hemos aprendido de esas experiencias? ¿Qué nos han enseñado las oraciones que Dios nos ha respondido en el pasado?

El mismo Dios que te mostró el poder de la cruz para tu salvación, es el que viene a responderte hoy. El mismo Dios que escuchó y respondió a tu oración cuando estuviste en problemas, cuando se quebrantó tu corazón bajo el peso de las circunstancias en el pasado, es quien está hoy también atento a tu oración.

Cada una de nuestras experiencias, cuando reconocemos la intervención de Dios en nuestras vidas, tiene que tener valor para alimentar nuestra fe. Dios se va a acercar a nosotros para enfrentarnos con esta realidad: "¿Entiendes por qué sabes que tengo el poder para ayudarte en medio de tus circunstancias? Porque ya lo hice antes, porque estuve allí cuando me necesitaste, porque respondí a tu oración en medio de tu quebranto e hice un pacto contigo por medio de la sangre de Jesús".

¿Reconoces el valor de lo que Dios ya ha hecho en ti?

Deja que la manera en que Dios ya se ha revelado a ti en el pasado renueve tu fe para lo que hoy tienes que enfrentar y para lo que venga en el futuro.

> *Jesucristo es el mismo ayer, y hoy, y por los siglos.* (Hebreos 13:8)

☞ 3. RECORDEMOS LO QUE DIOS NOS HA ENSEÑADO.

Definitivamente, Dios no quiere que echemos al olvido quién es Él y lo que ha hecho en nuestras vidas. Eso fue válido para los israelitas atacados y oprimidos por los madianitas hace muchos siglos y también es válido para ti y para mí en este tiempo.

Pero el Padre no quiere solamente que recordemos lo que él ha hecho, sino que también tengamos en cuenta lo que nos ha enseñado.

Antes que ocurriera aquello de la opresión de los madianitas y las naciones vecinas, el pueblo de Israel había recibido mucha enseñanza de parte de Dios. La mayoría de las personas recuerdan los Diez Mandamientos, pero no todos toman en cuenta que esos diez se encuentran inmersos en un cuerpo de enseñanzas mucho más grande, aquello que los israelitas conocían como la Ley que había sido revelada a Moisés.

Sí, la Ley le había sido revelada al pueblo de Israel. El relato y el contenido se encuentra básicamente en el libro de Éxodo (también hay leyes en Levítico y Números). Es interesante recordar que cuando el pueblo (las nuevas generaciones) estaba por entrar en la Tierra Prometida luego de la peregrinación en el desierto, Dios les recordó las enseñanzas de la ley, y ese es el contenido del libro de Deuteronomio. También fue la última tarea ministerial de Moisés antes de su fallecimiento.

Ya hemos dicho que Dios quiere que recordemos. Pero no quiere que recordemos solamente los eventos: quiere que recordemos sus palabras.

En aquella ocasión, le dijo al pueblo de Israel:

> *...y os dije: Yo soy Jehová vuestro Dios; no temáis a los dioses de los amorreos, en cuya tierra habitáis...*

Así como lo hizo con el pueblo de Israel de aquel entonces, Dios también te ha enseñado cosas a ti. Tal vez suene un poco extraño para algunos que alguien diga "Dios me enseñó" o "Dios me dijo", pero los discípulos de Jesús somos personas que escuchan la voz de Dios. Sí, así como suena. Somos personas que han prestado atención a la voz de Dios y se han dejado enseñar por Él.

Los cristianos hemos establecido una relación personal y profunda con Dios. Para empezar, esa relación empezó porque su Espíritu nos convenció de nuestra condición de bancarrota espiritual cuando estábamos sin Jesús, y fue entonces que empezamos a escuchar su voz. Fue Él quien nos mostró la importancia de Jesús y su poder para salvarnos, y gracias a eso creímos y recibimos la vida eterna. A partir de entonces caminamos de su mano, procuramos actuar constantemente conforme a su voluntad, recorremos la vida escuchando su voz.

Si eres un hijo de Dios por haber creído en Jesús, entonces has escuchado la voz de Dios, y probablemente cada día Dios te está enseñando algo nuevo.

Entonces, Él puede afirmar que te habló, que te dijo, así como lo hizo con los israelitas de aquella ocasión.

¿Qué cosas te ha dicho Dios?

Han sido todas para tu bien. Dios te ha estado hablando y enseñando para que puedas vivir en su voluntad, conforme a los propósitos para los que Él te creó.

¿Identificas lo que Dios te ha estado enseñando?

Dios ha utilizado la Biblia para hablar a tu corazón. Utilizó la iglesia, los estudios bíblicos, los mensajes que escuchaste, la música cristiana. Aclaró tu entendimiento con su Palabra y lo sigue haciendo cada día, porque mientras estamos en esta vida no somos capaces de entender todo con claridad, hasta que estemos en su presencia.

¿Cómo crees que Dios completaría para ti la frase "Te dije…"?

Es que hay ocasiones en que aun habiendo escuchado la voz de Dios y habiendo aprendido de él, no hemos obrado conforme a sus principios.

☞ 4. RECONOZCAMOS NUESTROS ERRORES.

Este es un paso difícil. No nos resulta fácil reconocer nuestros errores.

Esto es algo que ocurre desde el comienzo de la historia de la humanidad. Cuando Dios le llamó la atención a Adán por haber comido del fruto del árbol del conocimiento del bien y del mal, algo que él le había prohibido, Adán exclamó:

> *La mujer que me diste por compañera me dio del árbol, y yo comí.* (Génesis 3:12)

Así de rápido fue que los humanos aprendimos a transferir nuestra responsabilidad por una mala decisión.

Pero no necesitas abrir la Biblia para saberlo. Alcanza con que mires a un pequeño niño cuando llega su mamá y descubre que ensució con pintura todo el lugar. De inmediato levantará la mirada para acusar a su hermano como responsable, aunque los dos hubieran estado haciéndolo juntos, sin preocuparse por si estaba bien o no.

No, no nos resulta fácil reconocer que hemos equivocado el camino, que no hemos hecho las cosas bien, que hemos ignorado las sabias enseñanzas que se nos han transmitido.

Pero es de vital importancia que lo hagamos.

Es por eso que a aquellos israelitas Dios les vino a reconvenir:

> *… pero no habéis obedecido a mi voz.*

Dios les había enviado un mensajero para recordarles quién era Él, que tenían un pacto con Él, que aquella no era la primera vez que intervenía en sus vidas para bendecirles, y que les había enseñado cómo debían vivir conforme a su voluntad. Dios les recordó mandamientos específicos que les había dado con respecto a no imitar la conducta religiosa y espiritual de sus vecinos. Entonces les dice lo que ellos ya sabían, aunque prefirieran no decirlo: no habían obedecido a la enseñanza de Dios.

La realidad a la que Dios estaba haciendo referencia era que los israelitas sí habían adorado a los dioses de las naciones vecinas. Habían considerado que no debía ser algo tan importante ni tan malo, ya que los otros lo hacían y al parecer no les ocurría nada malo. No habían tomado en serio la Palabra de Dios, que sí era importante, y habían obrado a su manera. Y ahora Dios los estaba enfrentando con esa realidad. Justamente aquí está lo irónico: cuando estuvieron en problemas clamaron a Dios, no a los dioses ajenos a los que habían estado adorando. Sabían quién era el Dios verdadero. Dios no iba a ayudarlos sin enfrentarlos a su realidad espiritual. El pecado los había alejado de Él.

Dios es inmensamente bueno, y siempre obra para bendecirnos, cuidarnos y orientarnos. Hay muchas ocasiones en las que Dios no deja caer las consecuencias de nuestras malas decisiones sobre nosotros. Pero hay momentos en los que sí lo hace. ¿Por qué? ¿Lo hace solo para poder decir que Él siempre tuvo razón y nosotros procedimos mal? Aun si lo hiciera con esa intención estaría justificado. Pero no, no lo hace solo para demostrar la grandeza de su sabiduría; lo hace para levantarnos una vez más, para restaurarnos a una relación perfecta con Él, para volvernos al camino, de manera que no nos perdamos nada de todo lo que tiene preparado para nosotros.

Antes de enviar su ayuda, Dios quiso que sus hijos reconocieran su condición espiritual, y que pudieran asumir delante de él que le habían vuelto a dar la espalda, que una vez más habían procurado vivir a su manera, sin tomar en cuenta sus principios, enseñanzas y mandamientos.

Dios quiso que entendieran cuál era su condición espiritual.

No se necesita ser demasiado inteligente para entender que Dios quiere hacer lo mismo con nosotros. Dios quiere ayudarte a reconocer cuál es tu propia situación espiritual. No vamos a decir que todo lo que nos ocurre es la consecuencia directa de nuestras malas decisiones, pero es algo que muchas veces ocurre.

Dios no quiere limitarse a sacarte de las difíciles circunstancias en las que te encuentras. Quiere hacerlo, sí, pero también quiere que la misma situación te enseñe, que aproveches la experiencia para obtener lo mejor y crecer espiritualmente, en la relación con Él y en su conocimiento.

¿No te parece que sería bueno que analizaras tu vida, que meditaras profundamente en lo que Dios te ha estado enseñando y en cómo aplicaste sus enseñanzas o en el hecho de que no las aplicaste?

> *Examíname, oh Dios, y conoce mi corazón; Pruébame y conoce mis pensamientos; Y ve si hay en mí camino de perversidad, Y guíame en el camino eterno.* (Salmos 139:23, 24)

Así oraba David al reconocer la manera perfecta en que Dios lo conocía, sin limitaciones. ¿No crees que esta sería también la manera en que también nosotros podríamos llegar hoy delante de Dios?

> *Señor mío, ¡ayúdame a entender mi propia condición espiritual! Estoy dispuesto a que me reveles aún mis errores más vergonzosos. Quiero entender, Padre bueno, para poder volver al buen camino, para que sea quitado todo lo que pueda ser un obstáculo para mi relación contigo. Perdóname, Señor. Una vez más he hecho las cosas a mi manera.*

¿Orarías de esa manera?

Dios quiere intervenir en tu vida. Aunque en este momento no puedas verlo, lo que te está ocurriendo en este tiempo es lo mejor. Es cierto que no logramos entender cómo nos pueden beneficiar o hacer bien ciertas circunstancias. ¿Cómo iba Job a comprender que todo lo que le había ocurrido era para su bien, que al cabo de aquel tiempo de lucha llegaría a conocer a Dios cara a cara? ¿Cómo iba a comprender el israelita común y corriente que vivía con temor y escondido en una caverna, que aquella situación terminaría siendo lo mejor que le podría haber sucedido?

Algo semejante nos ocurre a nosotros. Cuando estamos sumergidos en las circunstancias complicadas no logramos ver con claridad cuánta bendición puede haber en ellas. Pero necesitamos confiar en Dios. Y Dios quiere ayudarnos a reconocer nuestra verdadera condición espiritual.

No podemos crecer sin pasar por el momento de sincerarnos con Dios y nosotros mismos.

> *Si decimos que no tenemos pecado, nos engañamos a nosotros mismos, y la verdad no está en nosotros.Si confesamos nuestros pecados, él es fiel y justo para perdonar nuestros pecados, y limpiarnos de toda maldad. (1 Juan 1:8, 9)*

Tómalo en serio a Dios. Escucha su voz cuando te recuerde lo que te ha dicho. Ponte de acuerdo él. Si hay algún aspecto de tu vida en el que no has estado obrando conforme a lo que Dios te ha enseñado, reconoce tu situación y vuélvete a él.

Dios quiere hacer todavía una obra poderosa en tu vida. Inclínate ante Dios con humildad y levántate para dejar que Él te renueve y fortalezca.

Porque todavía hay mucho camino por andar.

UNA CONVERSACIÓN DIFERENTE

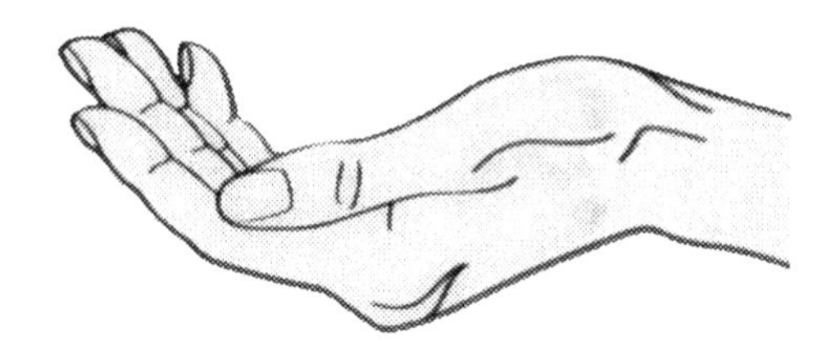

Es posible que hayas tenido uno de esos días.

Estás allí, haciendo lo que tienes que hacer. No has tenido una buena semana. ¿Qué? ¿Dije una semana? ¡No has tenido un buen año! Y no te lo puedes sacar de la cabeza. Le das vuelta a las ideas una y otra vez tratando de encontrarle sentido a la situación y más que nada procurando encontrar una salida, aunque ya has pensado en eso algo así como un millón de veces.

Entonces se aparece "alguien" (ya sabes, a veces no te da el ánimo siquiera para levantar la vista para ver quién es) que te saluda alegremente o hasta procura bromear contigo. Pero tú no estás para bromas.

¿Te ha pasado algo así? ¿Has tenido uno de esos días?

¿Cómo le respondes a esa persona? Algunos procurarían conservar la calma y los buenos modales, siendo amables, aunque no les resulte fácil acompañar su sentido del humor. Tal vez él o ella esté teniendo una buena mañana, pero ese no es tu caso.

¿Y si en esa conversación hubiera algo más que comunicación casual?

Seguramente ya has tenido algunas de esas charlas que dejan un rastro permanente en ti. La mayoría de nosotros nos comunicamos con varias decenas de personas por día. ¿Recuerdas todo lo que les dijiste y todo lo que te dijeron? No, claro, porque lo cierto es que no todas las conversaciones tienen la misma relevancia. Si vas a una cita con el médico querrás retener lo que te dice lo más detalladamente que te sea posible, pero hay otras conversaciones a las que no les prestas la misma atención. ¿La cajera del supermercado te hizo un comentario acerca del clima? Bueno, ese no es el tipo de cosas que se fijan en la memoria.

Pero hay conversaciones diferentes. En realidad, por lo general no es algo que uno planifique. Es algo que se produce, que se da. Pero cuando sucede, el resultado de ese encuentro, esas palabras compartidas, esas emociones expresadas permanecen en el corazón y pueden convertirse en la semilla de futuras decisiones, incluyendo las más importantes.

Hay personas que recuerdan haber tenido conversaciones así con sus padres, sus hermanos, sus mejores amigos, pero ¿con un desconocido?

¿Te sucedió alguna vez? ¿Has tenido alguna vez una conversación profunda y relevante con un desconocido del que no volviste a saber? Eso sí ya es menos frecuente, ¿verdad?

Considero que, al menos al principio, eso fue lo que consideró Gedeón que le estaba aconteciendo en aquella ocasión:

> *Y vino el ángel de Jehová, y se sentó debajo de la encina que está en Ofra, la cual era de Joás abiezerita; y su hijo Gedeón estaba sacudiendo el trigo en el lagar, para esconderlo de los madianitas.*
>
> *Y el ángel de Jehová se le apareció, y le dijo:*
>
> *Jehová está contigo, varón esforzado y valiente.*

Y Gedeón le respondió:

Ah, señor mío, si Jehová está con nosotros, ¿por qué nos ha sobrevenido todo esto? ¿Y dónde están todas sus maravillas, que nuestros padres nos han contado, diciendo: ¿No nos sacó Jehová de Egipto? Y ahora Jehová nos ha desamparado, y nos ha entregado en mano de los madianitas.

Y mirándole Jehová, le dijo:

Ve con esta tu fuerza, y salvarás a Israel de la mano de los madianitas. ¿No te envío yo?

Entonces le respondió:

Ah, señor mío, ¿con qué salvaré yo a Israel? He aquí que mi familia es pobre en Manasés, y yo el menor en la casa de mi padre.

Jehová le dijo:

Ciertamente yo estaré contigo, y derrotarás a los madianitas como a un solo hombre. (Jueces 6:11 – 16)

La ocasión era la del pueblo de Israel cuando estaban en un momento de mucha dificultad. Estaban pobres, preocupados, atemorizados, sin verle una salida a su situación.

El pasaje menciona que en aquel momento se presentó *el ángel de Jehová*.

Tengo que hacer una pausa aquí para considerar esto contigo. A lo largo de la Biblia se mencionan los ángeles en diferentes ocasiones. Hay incluso una definición que dice: *"¿No son todos espíritus ministradores, enviados para servicio a favor de los que serán herederos de la salvación?"* (Hebreos 1:14). La mayoría de las referencias bíblicas a los ángeles hablan de *unos "ángeles", "un ángel"* de Dios, *"ángeles del Señor"*. Pero es diferente cuando se menciona ***el ángel de Jehová***.

No se trata de "uno más". Es el ángel.

Además, es interesante notar que se lo menciona solamente en el Antiguo Testamento, no en el Nuevo. ¿Por qué será?

Cuando uno continúa profundizando en este relato, queda claro que Gedeón no conversa con un enviado de Dios, sino con Dios mismo, y que él mismo termina temiendo por su propia vida, por haber tenido una charla con el propio Dios en persona.

Es así como muchos interpretamos que las referencias al *ángel de Jehová* en el Antiguo Testamento no son nada menos que menciones de la manifestación del propio Dios. Y ¿cómo explicamos la ausencia a tales referencias en el Nuevo Testamento? Considero que la respuesta a esta pregunta es bastante sencilla: porque en el Nuevo Testamento se presenta Jesús como la encarnación de Dios, como la presencia del propio Dios, de manera que ya no necesita presentarse como *el ángel*.

El pueblo de Israel se había sentido agobiado por su situación de dificultad y derrota, y en su desesperación, en su angustia, habían clamado a Dios pidiéndole que los ayudara. Al principio, como respuesta, Dios les había enviado un profeta, un mensajero que los hiciera reflexionar en su condición espiritual. El propósito era que los hijos de Dios no salieran de su situación sin reconocer su realidad espiritual y lo que los había conducido a aquel tiempo de tribulación.

Ahora, también en respuesta a su clamor, Dios les había enviado su ángel.

Quiero que prestes mucha atención a esta conversación, porque considero que puede hacernos reflexionar en cuanto a la manera en que Dios se nos presenta a nosotros, hasta el día de hoy.

Considerémoslo desde el punto de vista de Gedeón, el hijo de Joás.

En el relato se nos provee una referencia geográfica. Tanto el autor como los primeros lectores y oyentes de este relato podían conocer el lugar específico donde esto había ocurrido. Se menciona un lugar (Ofra) y un punto de referencia (una encina, un árbol) en ese lugar. ¿Qué había allí? Un lagar.

Los lagares eran los galpones donde habitualmente se pisaba la uva para la producción de vino. No era el espacio regular para utilizar como depósito para la cosecha del trigo. Pero en aquellos momentos de dificultad cualquier lugar sería bueno, si servía para esconder el grano de los ojos de los enemigos. Aquellas personas trabajaban arduamente para sembrar la tierra, para cosecharla, y luego podían perder todo el fruto de ese esfuerzo si los enemigos los descubrían. Así que además del esfuerzo tenían que vivir con el temor de que les fuera arrebatada la ganancia resultante de sus esfuerzos.

En eso estaba Gedeón cuando se presentó *el ángel de Jehová*. Estaba trillando el trigo, separando los granos de trigo de las ramas, y almacenando en aquel escondite. Era trabajo duro, y dadas las circunstancias tenía que hacerlo mirando de vez en cuando alrededor para ver si no llegaba algún enemigo que pudiera arrebatarles sus bienes.

No sabemos en qué estaba pensando Gedeón cuando comenzó aquella conversación, pero sus respuestas nos dan la idea de que no estaba contento. Aquella situación lo tenía mal, incómodo, desanimado, quebrantado.

Su estado de ánimo no era el mejor, y se le presenta este desconocido (al principio Gedeón no sabía que estaba charlando con Dios) y le ofrece este saludo tan inusual – y fuera de lugar, dadas las circunstancias:

Jehová está contigo, varón esforzado y valiente.

Ponte por un momento en su situación. Estás concentrado trabajando, y al mismo tiempo estás preocupado y tu cabeza no para de dar vueltas, pesando la situación en la que te encuentras. Entonces se te presenta alguien y te saluda en alta voz con un "¡Qué bueno verte, capitán!". ¿Cómo te sentirías interiormente al recibir el saludo?

Para empezar, tal vez, ya te sientas lo suficientemente incómodo con lo inesperado e inoportuno del saludo. Estás temiendo la llegada de algún enemigo y ¡se te presenta este sujeto, como si viniera de la nada! Menudo susto podría darte.

El pasaje no nos da a conocer los pensamientos íntimos de Gedeón, pero si nos revela su respuesta. Gedeón no solamente había considerado lo inesperado del saludo, sino que también había percibido lo inusual de su contenido. El visitante había dicho algo con lo que justamente él había estado luchando en sus pensamientos.

Jehová está contigo...

Aquello podría haber sido considerado nada más que un saludo casual. Hasta el día de hoy utilizamos frases positivas al momento de encontrarnos. Nos damos los "Buenos días" y decimos "Me da gusto verte". La cultura hebrea no era diferente en este sentido. Sabemos, por ejemplo, que siempre utilizaron el término "Shalom" como un saludo, y su significado es un deseo de paz y prosperidad.

Pero Gedeón no lo tomó como algo casual.

Cuando lees el principio de este diálogo, ¿cómo te parece que es el ánimo de Gedeón? Vamos, tenemos que reconocerlo: Gedeón ni siquiera se esforzó por ser amable con el desconocido.

Y Gedeón le respondió:

Ah, señor mío, si Jehová está con nosotros, ¿por qué nos ha sobrevenido todo esto? ¿Y dónde están todas sus maravillas, que nuestros padres nos han contado, diciendo: ¿No nos sacó Jehová de Egipto? Y ahora Jehová nos ha desamparado, y nos ha entregado en mano de los madianitas.

Como decíamos, tal vez ni siquiera haya levantado la vista de lo que estaba haciendo, y simplemente expresó lo que ya estaba llenando su mente. El saludo del visitante había tocado, justamente, un punto delicado.

A Gedeón le habían hablado de Dios. Había escuchado de sus promesas y del pacto que había hecho con sus antepasados. Tal vez hasta los hubiera escuchado hablar ese mismo día, o en días anteriores, mencionando la fidelidad de Dios y la grandeza de las victorias con las que los había llevado hasta donde ahora vivían.

Pero aquellas historias no encajaban con la realidad que él y su familia enfrentaban en aquel momento. Está claro que eso era lo que había estado carcomiendo su interior, y en este momento tiene una valiosa oportunidad para expresarlo. El saludo del desconocido había sido suficiente para que lo soltara.

Es como si uno de "esos días" nosotros respondiéramos al clásico saludo matutino diciendo: "¿Buenos días? ¿A usted le parece que estos son 'buenos días'? No tienen nada de bueno para mí".

Ahora, espera, antes de que nos pongamos a reprender a Gedeón por su mala actitud o su falta de fe, ¿qué te parece si nos dedicamos por un momento a identificarnos a nosotros mismos dentro de esta historia?

¿Te ha sucedido alguna vez algo como lo que le ocurrió a Gedeón?

No me refiero al hecho de que un inmenso ejército ponga en peligro tu vida y la de tus seres queridos, o que afecte la economía y la estabilidad social, sujetándolos a todos en temor. Lo que tal vez ya te haya sucedido es que luego de haber escuchado hablar de Dios, su poder, su gracia, sus milagros, su misericordia, hayas comparado todo eso con tu propia situación, con lo difícil de tus circunstancias, solamente para concluir que no ves al Dios todopoderoso y misericordioso en lo que estás viviendo.

¿Entiendes a lo que me refiero?

Cuando la vida nos golpea, existen ocasiones en las que cualquiera de nosotros, aun conociendo la Palabra de Dios, aun habiendo escuchado de los milagros y el amor de Dios, puede no encontrarle sentido a lo que ocurre.

La mayoría de los que creemos en Jesús procuramos alejar de nosotros esos pensamientos, o por lo menos no los damos a conocer a los demás. ¿Qué pensarían de nosotros si supieran que albergamos ideas tan "faltas de fe" como esas?

Porque, ponte a pensar, si lo consideramos a Gedeón como si fuera uno de los cristianos que se congregan en una de nuestras iglesias de hoy en día, ya nos alistaríamos para reprenderlo. ¿Cómo se le ocurre cuestionar la presencia de Dios o poner en duda sus poderosos milagros?

Porque fue justamente eso lo que hizo:

> *...si Jehová está con nosotros, ¿por qué nos ha sobrevenido todo esto?*

¿Lo ves? Este héroe del Antiguo Testamento está poniendo en duda la presencia de Dios con su pueblo. Así como lo ve Gedeón, el desastre y la desolación resultantes de aquella situación no se correspondían con un pueblo en cuyo medio está Dios, el poderoso, el Creador, el hacedor de milagros.

Esta manera de razonar no es solamente suya.

He escuchado esta queja en la boca de unas cuántas personas, en especial aquellos que no frecuentan una iglesia. Cuando ocurre algo malo, sabiendo que los cristianos predicamos un Dios de amor, lleno de poder, nos echan a la cara comentarios tales como: "Si existiera un Dios amoroso, estas cosas no sucederían". Tales comentarios, lejos de ser un ataque a la iglesia o a Dios, son ni más ni menos que la expresión del dolor que llena el corazón de esas personas. Sí, son una expresión de desconocimiento del Dios verdadero, y también una manera de comunicar su incapacidad de comprender lo que sucede. Así fue también en el caso de Gedeón, que le daba expresión a su quebrantamiento por la realidad que le tocaba vivir.

Los cristianos, por lo general, somos más cuidadosos en cuanto a lo que decimos. Evitamos exteriorizar nuestra confusión, y procuramos confesar más bien lo que hemos aprendido, aunque no siempre lo sintamos. *SABEMOS* que a los que aman a Dios todas las cosas los ayudan para bien, aunque a veces no entendamos por qué tenemos que enfrentar los problemas que se nos presentan.

En realidad, había una respuesta para la queja de Gedeón. Dios podía haberle hablado directamente para enseñarle que Él sí estaba con ellos (¿no estaba Él justamente allí, hablándole cara a cara?), y que aun para aquellos momentos de lucha y desánimo existía un propósito. Pero prefirió un lenguaje mucho más elocuente que el de las palabras, el de la experiencia, para que su hijo aprendiera ese principio.

Examina tu corazón por un momento. ¿Hay una queja en tu interior? No te avergüences. De todas maneras, Dios conoce hasta lo más profundo de tus pensamientos. ¿Hay algún área de tu vida en la que no comprendas los propósitos de Dios para lo que estás viviendo?

> *¿Y dónde están todas sus maravillas, que nuestros padres nos han contado, diciendo: ¿No nos sacó Jehová de Egipto? Y ahora Jehová nos ha desamparado, y nos ha entregado en mano de los madianitas.*

Este es un punto con el que yo me siento muy identificado. Al principio de mi vida cristiana me enfrenté con estos pensamientos, y te aseguro que fueron algo muy claro y especial para mí. Había comenzado a leer la Biblia, en especial el Nuevo Testamento, y allí por primera vez leía de los maravillosos milagros que Jesús había hecho. Aquellas historias me cautivaban, y tocaban profundamente mi corazón revelándome que Jesús era mucho más que un simple hombre, mucho más que cualquier héroe que haya registrado nuestra historia. Aquellos maravillosos milagros demostraban que Jesús era el Hijo de Dios, el único capaz de ocupar nuestro lugar y otorgarnos el beneficio de la salvación.

Entonces comencé a leer el libro de Hechos. ¡Estaba tan entusiasmado! Allí casi podía ver en acción a aquellos héroes de la fe, los apóstoles y los hermanos y hermanas que formaron parte de la iglesia primitiva, experimentando el cumplimiento de las promesas de Jesús, su presencia y su obra a cada paso que daban. ¡Y ellos también experimentaron milagros maravillosos! El paralítico de Jerusalén había sido sanado, la poseída de Filipos había sido liberada, ¡y hasta la sombra de Pedro había sanado a algunos!

Fue entonces cuando me asaltaron aquellos pensamientos. Justo coincidieron con momentos en los que había estado en contacto con algunos cristianos que hablaban mucho de los milagros y cuando pasaba por circunstancias difíciles. Te imaginas qué pensamientos me asaltaron, ¿verdad?

Sí, fue cuando empecé a preguntarme por qué Dios no hacía aquellos milagros en mi propia vida, o por qué no los veía en mi congregación, siendo que atravesábamos momentos de dificultad en los que bien nos hubiera venido la intervención milagrosa de Dios. En varias ocasiones me pregunté por qué a aquellos cristianos tan carentes de muchas de las comodidades de las que nosotros disfrutamos hoy en día sí tenían la oportunidad de experimentar a Dios de una manera tan poderosa y contundente, siendo que no parecía ocurrir lo mismo en mi vida. ¿Estaba conmigo el mismo Dios que estuvo con ellos? ¿Obraba en mi vida el mismo Espíritu Santo que los había llenado a ellos?

Le doy gracias a Dios, que no me dejó en aquella ignorancia. Dios, en su inmensa gracia y fidelidad, empezó a mostrarme su presencia, su gracia y también sus milagros. Así como lo hizo con Gedeón.

Así como lo va a hacer contigo si le dedicas tu confianza.

Gedeón había llegado a la conclusión de que Dios no estaba, que los había abandonado. Tal vez hubiera intervenido antes, en algún momento remoto de la historia, pero en aquel momento él no veía evidencia de la presencia y el poder de Dios en la situación que estaban viviendo.

Aquella era una conclusión equivocada. Pero Dios no lo corrigió de inmediato. En vez de eso le propuso ser parte de la solución, le encomendó una misión.

> *Y mirándole Jehová, le dijo:*
>
> *Ve con esta tu fuerza, y salvarás a Israel de la mano de los madianitas. ¿No te envío yo?*

¿Estaba viendo Dios la misma persona que Gedeón había visto esa mañana en el espejo al levantarse?

Eso es lo que yo me pregunto a veces cuando leo y recibo los comentarios de Dios acerca de mi persona.

¿Cómo te sientes tú cuando lees pasajes como este?

> *Porque a mis ojos fuiste de gran estima, fuiste honorable, y yo te amé; daré, pues, hombres por ti, y naciones por tu vida.No temas, porque yo estoy contigo....* (Isaías 43:4, 5)

Mi primera reacción es como si mirara alrededor preguntándome: "¿Me está hablando a mí?". ¿Precioso y digno de honra? ¿Digno de ser tenido en cuenta en los pensamientos del Creador del universo?

El asunto es que en muchas ocasiones nosotros no vemos lo que Dios está viendo cuando nos mira. Nosotros vemos nuestros fracasos, nuestra debilidad, nuestros temores, nuestras culpas, nuestra indignidad. Dios ve la persona que Él creó, con todo el potencial para vivir a su nivel y enfrentar cualquier circunstancia con su presencia y su poder.

Dios le reveló a Gedeón que ya tenía lo que hacía falta para romper con el ciclo de derrota en el que él y su pueblo estaban sumidos.

Es interesante notar que Dios no le dice que le va a multiplicar la fuerza. ¿Te das cuenta de que los seres humanos hemos fantaseado por años con superhéroes? Así es. Hemos considerado que para superar los problemas hacen falta superpoderes.

Sin embargo, Dios envía a Gedeón a librar a Israel de la opresión...

> *...con esta tu fuerza...*

Aquel hombre sabía que su fuerza tenía sus limitaciones. Hasta ese momento, su fuerza lo tenía trillando trigo a escondidas y lleno de temor de que los enemigos lo descubrieran.

Pero Dios veía otra cosa.

¿Podría ser que Dios vea otra cosa en ti también?

Considéralo seriamente. Es posible que hasta ahora hayas tenido una perspectiva limitada y disminuida de ti mismo, y que necesites una dosis de lo que Dios ve cuando te mira.

Como Gedeón.

Pero él no estaba listo para apropiarse tan rápidamente de la perspectiva de Dios, y por eso respondió:

> *Ah, señor mío, ¿con qué salvaré yo a Israel? He aquí que mi familia es pobre en Manasés, y yo el menor en la casa de mi padre.*

Observa esto: a pesar de las poderosas palabras y la tremenda misión que Dios le estaba encomendando, Gedeón todavía se sentía inseguro. Parece como si se hubiera olvidado de que Dios lo estaba respaldando con su autoridad ("¿No te envío yo?"). Bueno, podemos concederle que en ese momento todavía no estaba seguro de estar hablando con Dios.

Sus palabras suenan como si dijera: "¿Quién? ¿Yo? ¿Te olvidas con quién estás hablando? ¡No soy nadie!". Así se sentía Gedeón.

Y es posible que así te sientas también tú a veces.

Son muchas las ocasiones en las que la vida nos presenta desafíos. Estos pueden aparecer en la forma de problemas u oportunidades. Puede suceder que te enfrentes con un problema difícil de resolver, como cuando vas al médico y este tiene para decirte justamente lo que no quieres escuchar. Entonces se te presenta el cuestionamiento de si podrás enfrentar la enfermedad y seguir adelante a pesar de un diagnóstico negativo. O puede ser que te surja la oportunidad de estudiar una carrera universitaria, y que en algún momento te preguntes si podrás terminarla, por ser tantas las exigencias.

Es así que existen muchos momentos en los que nos sentimos pequeños, nos parece que no estamos a la altura, consideramos que no somos capaces de lograrlo.

...yo soy el más insignificante.

Eso dijo Gedeón.

¿Lo era?

¿Sabes? Eso puede depender del punto de vista.

Para un niño pequeño al que le muestras por primera vez la figura de un avión atravesando el cielo, ¿cómo es de grande ese avión? Pues, "así" de pequeño. Su tamaño puede ser representado por la distancia entre dos dedos de una sola mano. Pero si llevas al pequeño al aeropuerto, allí le podrás mostrar el verdadero tamaño de la aeronave. Al tenerlo cerca, sus ojos se abrirán bien grandes, como expresión de su asombro. ¿En qué consistía la diferencia? En una cuestión de puntos de vista. Visto desde una gran distancia, el avión se ve pequeño, pero cuando te acercas, se verá bien grande.

La misma diferencia de puntos de vista puede producirse en cuanto a cómo nos vemos a nosotros mismos y cómo nos ve Dios.

Dios veía un poderoso guerrero donde Gedeón veía un ratón asustado. El tiempo y la experiencia demostraron que Dios estaba en lo cierto.

Dios tenía una respuesta para el insignificante:

Jehová le dijo:

Ciertamente yo estaré contigo, y derrotarás a los madianitas como a un solo hombre.

Lo que Gedeón estaba a punto de aprender es lo que tú y yo también necesitamos aprender y experimentar. Se puede formular así:

NO ES LO MISMO ENFRENTAR LAS CIRCUNTANCIAS CON DIOS DE NUESTRA PARTE QUE SIN ÉL.

Cuando Dios se dirige a Gedeón no está haciendo una sugerencia ni hablando de una posibilidad. Si lo hubiera estado haciendo, le hubiera simplemente sugerido que enfrente a los madianitas. Pero Dios no hace eso. Habla con autoridad. Afirma, sin lugar a duda, lo que va a suceder. Así de firme es la Palabra de Dios.

En realidad, aunque dice "*...derrotarás...*", Dios está afirmando lo que Él va a hacer.

Esas son las cosas maravillosas que Dios hace al tratar con nosotros los insignificantes: comparte su victoria. Dios estaba a punto de derrotar a sus enemigos, pero le anuncia a Gedeón que él va a derrotarlos.

Dios también quiere compartir su victoria contigo. Estoy seguro de que existen áreas de tu vida en las que Dios quiere manifestar su presencia y su poder, y quiere compartir contigo esa victoria.

Y, ¿sabes por qué vas a poder celebrar esa victoria? Por lo que él le dijo a Gedeón:

Ciertamente yo estaré contigo...

Dios no quiere limitarse a ser "simplemente Dios", desconectado de tu vida, alejado de tus intereses y las situaciones que enfrentas. Cuando Jesús nació se anunció que Él era el cumplimiento de la profecía que había anticipado que aquel niño sería llamado "Emanuel" (Isaías 7:14; Mateo 1:23). Cuando Mateo escribió esa parte del relato se tomó el trabajo de anotar cuál era el significado de ese nombre: quiere decir "Dios con nosotros".

Para los que creemos en Jesús, Dios ya no es "simplemente Dios", desconectado y ausente, sino que es *Dios con nosotros*, activo protagonista de todo lo que experimentamos, compañero permanente y amigo fiel en todas las circunstancias. La Palabra nos deja en claro que Dios está de nuestro lado (Romanos 8:31) cuando le entregamos a Jesús nuestra confianza como nuestro Señor y Salvador.

Por eso sé que, si tú recibiste a Jesús como Salvador y Señor, Él está contigo, tal y como estuvo con Gedeón.

Y Dios no ha cambiado. Tiene el mismo poder, la misma autoridad y la misma sabiduría que empleó para darle la victoria a este hombre de la antigüedad.

Así que, piénsalo bien. Dios quiere tratar personalmente contigo. Cuando quiso tratar con Gedeón vino a sentarse debajo del mismo árbol que le daba sombra a él. Dios se va a presentar allí donde tú estás, en tu ciudad, entre tu gente, y te va a llamar la atención justamente donde estás. Piénsalo bien, porque no querrás pasar junto a Dios y no dedicarle tu atención. Ya te expresó su amor al mostrarte cómo entrego a su Hijo para que fuera sacrificado para que tú tengas vida eterna y te reconcilies con Él.

Aunque te parezca raro, hasta una conversación con un extraño – o las palabras escritas por un perfecto extraño, como lo que estás leyendo en este momento – pueden ser utilizadas por Dios para transmitirte su presencia y sus planes. Dios quiere tener contigo una de esas conversaciones que dejan rastros permanentes, y quiere llevarte a través de las dificultades que se te presenten en victoria.

Al mismo tiempo, Dios quiere que le abras tu corazón y que le expreses con toda honestidad lo que sientes. Dios llevó a su pueblo a la victoria utilizando a un hombre que tuvo el atrevimiento de decirle que consideraba que no había cumplido su promesa de estar con ellos, que los había abandonado. Si no lo sientes, díselo. Si no lo ves, no te lo guardes, exprésalo en su presencia. Él prefiere un corazón sincero que dice lo que verdaderamente siente que los labios mentirosos que dicen las palabras correctas sin sentirlas.

Y escucha. Dios tiene algo que decirte. Quiere que sepas cómo Él te ve, y créeme, te ve diferente de como tú mismo te ves. Deja que Él sea tu espejo, que Él te describa cómo eres. Él sabe más de ti que tú mismo, y sabe lo que va a suceder de aquí en adelante. Así que escúchalo.

Dios sigue teniendo un plan, y tu participación en él es tremendamente importante. Los que creemos en Jesús somos rescatistas: sacamos vidas de entre los escombros, mostramos el camino de la luz a los que han perdido totalmente la noción y el sentido. Dios quiere usarte. Sí, a ti. Gedeón, tú y yo somos de los insignificantes a los que Dios puede utilizar para hacer cosas más grandes que nuestra imaginación.

Así que prepárate. Déjate sorprender por el poderoso Dueño de todo lo que existe, porque viene a impulsarte con las alas de su amor.

CON MUCHA O CON POCA FE

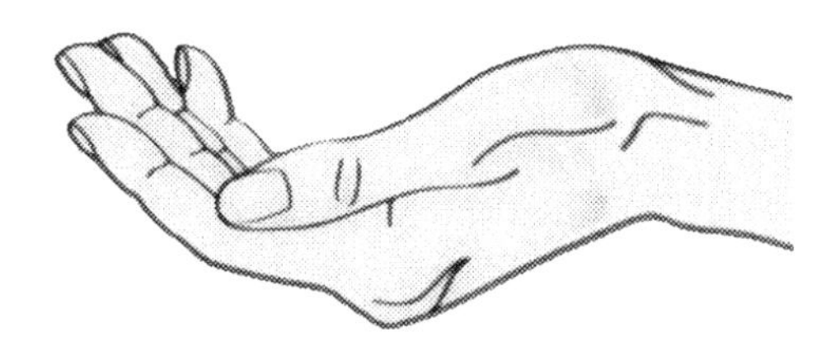

¿Eres una persona de fe?

¡Vaya pregunta! ¿No te parece? Este podría ser uno de esos asuntos en cuanto a los que uno primero evalúa quién está haciendo la pregunta antes de responder. O si no, dado que la respuesta no surge fácilmente, preguntaríamos a su vez: "¿A qué te refieres con eso?".

En este caso me refiero justamente a eso: ¿Te consideras una persona de fe?

En un sentido, uno podría interpretar que se nos está preguntando si vamos a una iglesia. Y si asistes más o menos regularmente a tu iglesia local responderías que sí, que eres una persona de fe, que tienes tus convicciones más o menos claras y que las profesas tal como has aprendido a hacerlo.

Pero esta misma pregunta podría tener otra profundidad. Me pongo en tu lugar y trato de responder, y casi automáticamente me respondo a mí mismo: "¡Ya quisiera ser una persona de fe!".

¿Entiendes por qué?

Algunos de nosotros lo pensamos profundamente antes de definirnos como personas de fe. Eso tiene que ver con el respeto que le tenemos a este tema, y porque nos hemos habituado a considerar los testimonios de las vidas de quienes pusieron de manifiesto una fe ejemplar.

¿Has leído las historias de la Biblia en las que se relatan las proezas y victorias experimentadas por aquellos a los que consideramos "héroes de la fe"? ¿Qué sientes al meditar en el relato de momentos históricos como aquel en el que Moisés levanta su vara y el Mar Rojo se divide, abriendo así un camino para que pase el pueblo de Dios? No sé qué sientes tú, pero yo me quedo maravillado al considerar esos relatos, y me conmueve la expresión de la fe de aquellos hombres y mujeres que vieron materializarse lo imposible, por la intervención de Dios.

Y quiero tener una vida así.

Y quiero tener esa fe.

Pero entonces vuelvo a considerar mi realidad y la fe que alberga mi corazón y ¡me siento tan pequeño! Ni por asomo se me ocurre compararme con Moisés, con David, con Pedro, con Pablo. A ellos por lo general los consideramos gigantes, personas que alcanzaron un nivel de consagración, comprensión y trato con Dios muy especiales, lo que les permitió vivir ese tipo de experiencias.

La Biblia, de alguna manera, nos quiere ofrecer algún tipo de consuelo en cuanto a esto. Es por eso que dice:

> *Elías era hombre sujeto a pasiones semejantes a las nuestras, y oró fervientemente para que no lloviese, y no llovió sobre la tierra por tres años y seis meses. Y otra vez oró, y el cielo dio lluvia, y la tierra produjo su fruto.* (Santiago 5:17, 18)

Mi primera reacción ante estas palabras podría ser: "¿Estás bromeando? ¿Justamente a Elías lo pones como ejemplo? ¿Has leído los relatos referentes a la vida de Elías desde 1 Reyes 17? Por sus oraciones dejó de llover, y por sus oraciones volvió a llover, es cierto. Pero no fue lo único que ocurrió. Fue alimentado milagrosamente, multiplicó alimentos, resucitó al hijo de una viuda, ¡hizo descender fuego del cielo, demostrando así quién era el Dios verdadero! ¿Y me vas a decir que *'era hombre sujeto a pasiones semejantes a las nuestras'*? ¿No te das cuenta lo lejos que está mi fe de la que tenía Elías?"

¿Entiendes mi conflicto al considerar las vidas de estos héroes de la fe y compararlas con la mía? ¿Soy una persona de fe? Bueno, supongo que se puede decir que sí lo soy. Me congrego en una iglesia, leo la Biblia, oro, creo en Dios y le alabo. Pero hombres de fe eran "aquellos"...

¿Será cierto eso?

Nuestra meditación en lo referente a este asunto se vuelve todavía más delicada cuando consideramos estas palabras que encontramos en la carta a los Hebreos:

> *Pero sin fe es imposible agradar a Dios; porque es necesario que el que se acerca a Dios crea que le hay, y que es galardonador de los que le buscan.* (Hebreos 11:6)

Presta atención a esta enseñanza: si no somos personas de fe *no podemos agradar a Dios.*

La utilización del término "*imposible*" no es muy común en la Biblia, y se utiliza casi siempre para mostrar el contraste entre lo que los hombres pueden (o no pueden) hacer y lo que Dios puede. Su utilización en este versículo hace que esta declaración sea muy fuerte. Si no tienes fe, no puedes agradar a Dios. Y si no agradas a Dios, estás perdido.

Si piensas como yo, seguramente quieres agradar a Dios. Eso quiere decir que vas a querer ser una persona de fe.

Es interesante la manera en que este versículo expresa las razones para que sea importante tener fe:

- Tienes que *creer que él existe.* Eso requiere fe, porque Dios es invisible.
- Tienes que creer que Dios *recompensa a quienes lo buscan* (que *es galardonador de los que le buscan*). Necesitas creer que Dios cumple sus promesas.

Esas dos son verdades bíblicas muy claras. Dios existe y recompensa a quienes le buscan. Entonces, ¿eres una persona de fe?

En lo personal me identifico con la actitud de Gedeón cuando Dios se le presentó y le dijo que lo estaba enviando a libertar a su pueblo de la opresión de sus enemigos. Aquel hombre ofreció sus excusas, sus razones por las que no consideraba que aquello fuera posible. Y entonces pasó esto:

> *Y él respondió:*
>
> *Yo te ruego que si he hallado gracia delante de ti, me des señal de que tú has hablado conmigo. Te ruego que no te vayas de aquí hasta que vuelva a ti, y saque mi ofrenda y la ponga delante de ti.*
>
> *Y él respondió:*
>
> *Yo esperaré hasta que vuelvas.*
>
> *Y entrando Gedeón, preparó un cabrito, y panes sin levadura de un efa de harina; y puso la carne en un canastillo, y el caldo en una olla, y sacándolo se lo presentó debajo de aquella encina.*
>
> *Entonces el ángel de Dios le dijo:*
>
> *Toma la carne y los panes sin levadura, y ponlos sobre esta peña, y vierte el caldo.*
>
> *Y él lo hizo así. Y extendiendo el ángel de Jehová el báculo que tenía en su mano, tocó con la punta la carne y los panes sin levadura; y subió fuego de la peña, el cual consumió la carne y los panes sin levadura. Y el ángel de Jehová desapareció de su vista.*
>
> *Viendo entonces Gedeón que era el ángel de Jehová, dijo:*

Ah, Señor Jehová, que he visto al ángel de Jehová cara a cara.

Pero Jehová le dijo:

Paz a ti; no tengas temor, no morirás.

Y edificó allí Gedeón altar a Jehová, y lo llamó Jehová-salom; el cual permanece hasta hoy en Ofra de los abiezeritas. (Jueces6:17 – 24)

Aquella había sido una situación bastante inusual y hasta incómoda. No solamente Gedeón y su familia, sino todo Israel estaba en problemas muy severos. Los enemigos los oprimían, pisoteaban sus tierras, consumían sus recursos, y estaban haciendo muy difícil que ellos pudieran sobrevivir. El pueblo había clamado a Dios en busca de ayuda y él les había enviado un profeta para ayudarles a reconocer que ellos habían procedido mal, ofendiendo al Señor. Luego, *el ángel de Jehová* había venido a sentarse bajo una encina, justamente donde Gedeón estaba trabajando, tratando de ocultar de sus enemigos el poco grano cosechado. Al comienzo Gedeón no sabía que era Dios quien le hablaba, y había expresado sus dudas y hasta su frustración, porque consideraba que Dios los había abandonado, entregándolos en manos de sus enemigos. Pero la respuesta que le dio el ángel fue que él mismo enfrentaría al ejército enemigo y liberaría a Israel de la opresión. "¿Quién? ¿Yo?", respondió Gedeón, aunque con otras palabras, "¡si yo no soy nadie!".

Aquel hombre había tenido el atrevimiento de cuestionar la realidad de la presencia de Dios con su pueblo. Sentía y creía que Dios los había abandonado. Así se veía, para él, aquella situación en la que estaban. Además, ¿que él libraría a su pueblo de la opresión? Aquello le sonaba ridículo, fuera de lugar, imposible.

El ángel de Dios había dejado caer un par de frases que dejaban entrever su verdadera identidad.

¿No te envío yo? (Jueces 6:14)

Ciertamente yo estaré contigo, y derrotarás… (Jueces 6:16)

Es posible que fueran estas palabras las que despertaran en el corazón de Gedeón la duda en cuanto a la identidad de su interlocutor. ¿Quién más que Dios podía tener la autoridad para decir semejante cosa?

Una pequeña sombra de duda, un pequeño pensamiento en el que consideraba que tal vez era Dios quien le estaba hablando, una pequeña ilusión de que pudiera ser cierto que él podría ir a enfrentarse a los enemigos y derrotarlos empezó a tocar el corazón de Gedeón.

Hasta ese momento, ¿considerarías a Gedeón como un hombre de fe?

Cuando uno medita en su actitud y sus respuestas, lo que parece destacarse es el hecho de que lo único que había hecho era dudar, cuestionar, confesar su derrota.

Pero lo que quisiera que notaras en esta historia es la manera en que Dios mismo se encarga de despertar y alimentar la fe en el corazón de aquel hombre. Quiero que lo notes, porque es así como Dios obra en tu vida también.

> *Dios quiere que tu corazón se llene de fe.*
>
> *Dios quiere hacer su obra – poderosa, maravillosa, divina – a través de ti*, así como lo hizo a través de Gedeón.

Entonces, la otra pregunta que surge aquí es: ¿cuánta fe hace falta para participar en los milagros que Dios hace? ¿Cuánta fe se necesita para ser una de esas personas que experimentan a Dios haciendo lo imposible?

Muchos de nosotros tenemos en concepto de que los hombres y mujeres de Dios que experimentaron grandes milagros en sus vidas por la intervención de Dios eran personas muy seguras de sí mismas, equilibradas, que nunca pasaban por un momento de duda. Pero considera a Gedeón. Él también está en la galería de los héroes de la fe en Hebreos 11:

> *¿Y qué más digo? Porque el tiempo me faltaría contando de Gedeón, de Barac, de Sansón, de Jefté, de David, así como*

de Samuel y de los profetas; que por fe conquistaron reinos, hicieron justicia, alcanzaron promesas, taparon bocas de leones, apagaron fuegos impetuosos, evitaron filo de espada, sacaron fuerzas de debilidad, se hicieron fuertes en batallas, pusieron en fuga ejércitos extranjeros. (Hebreos 11:32 – 34)

Ahí lo tienes, entre los grandes, mencionado antes que David, Samuel y los profetas. Entre los que *alcanzaron promesas.*

¿Sabes? Tu nombre tendría que aparecer allí también, porque quieres agradar a Dios, y por tanto eres una persona de fe. Sí, tu nombre.

Entonces, ¿cuánta fe hace falta para agradar a Dios?

Viene a mi memoria aquella historia del hombre cuyo hijo estaba poseído por un mal espíritu. Lo había traído a Jesús, pero él justamente estaba en el monte donde Pedro, Jacobo y Juan vieron el resplandor de su gloria. Así que los discípulos que estaban allí habían procurado sanar al niño, sin éxito. Cuando llegó el Maestro le presentaron el caso, y Él lamentó la poca fe de ellos.

Como notarás, este asunto de "la fe suficiente" es algo que ha inquietado a las personas por mucho tiempo.

Esto fue lo que sucedió entonces:

Jesús preguntó al padre:

¿Cuánto tiempo hace que le sucede esto? Y él dijo: Desde niño. Y muchas veces le echa en el fuego y en el agua, para matarle; pero si puedes hacer algo, ten misericordia de nosotros, y ayúdanos.

Jesús le dijo:

Si puedes creer, al que cree todo le es posible.

E inmediatamente el padre del muchacho clamó y dijo:

Creo; ayuda mi incredulidad. (Marcos 9:21 – 24)

Aquel padre quería lo mejor para su hijo, quería que fuera libre y sano. Es como quien llega a la sala del médico trayendo a su ser querido enfermo. Tú también le dirías al médico algo así como: "Doctor, si puede hacer algo para que se mejore, por favor, ¡hágalo!"

Jesús no dejó pasar la duda que el hombre había expresado. Utilizó la misma frase que él ("si puedes") para declarar la importancia de la fe:

Si puedes creer, al que cree, todo le es posible.

Esta es una afirmación impactante. ¿Te das cuenta de lo que implica? Esta es una de esas palabras que se aplican a todos los que cumplan con las condiciones. En este caso, la condición es *creer.* Y, ¿qué le pasa al que cree? Para esa persona *todo es posible.*

Es allí donde tú y yo tropezamos muchas veces. No nos consideramos dignos de la definición, nos parece que nunca llegaremos a cumplir con el requisito, con la condición de *creer.* Se nos ocurre que "esas personas" para las que "todo es posible" no somos nosotros. Son "esos" héroes de la fe que pueblan las páginas de la Biblia y que salpican la historia, siendo solo unos pocos y apareciendo de vez en cuando.

Pero si eso fuera así, tú y yo no podríamos agradar a Dios, porque es imposible hacerlo sin fe. Creo que el padre de aquel muchacho nos dejó una lección bien grande, digna de ser considerada con seriedad e imitada.

E inmediatamente el padre del muchacho clamó y dijo:

Creo; ayuda mi incredulidad.

Aquel hombre rebosaba de amor por su hijo. Verdaderamente quería verlo libre, desarrollándose sanamente. Quería verlo jugar alegre con los demás niños, sin las limitaciones que hasta aquel día lo habían tenido sujeto.

¿La fe era una condición para que su hijo fuera sano? ¿Creer que Jesús podía hacerlo era el requisito para que se produjera el milagro? Entonces "*Sí*", fue su respuesta, "*creo*". Tal vez internamente supiera que lo que en realidad estaba expresando es "¡Quiero creer!". Por eso añadió su desesperado pedido de ayuda: *"ayuda mi incredulidad"*.

Si en lugar de tener a Jesús materialmente frente a él este hombre hubiera estado orando, ¿considerarías que esta fue lo que a veces llamamos "una oración poderosa"? No parece, ¿verdad?

Pero creo que esta última frase tendría que ser nuestra oración. Porque, ¿sabes qué? ¡Esa fue la oración que Jesús respondió con la sanidad y liberación del hijo de aquel hombre! ¡Aquella oración sí fue poderosa, en el sentido que generó el milagro de sanidad sobre la vida del muchacho!

¿Tenía aquel hombre eso a lo que nosotros llamamos "mucha fe"? De acuerdo con nuestra definición al parecer no la tenía. Sin embargo, su petición fue escuchada, su clamor fue respondido y el milagro se produjo.

No nos olvidemos de los discípulos. Ellos habían intentado hacerlo antes, y no habían podido. Ahora habían visto como Jesús había tomado autoridad sobre la situación y había liberado al muchacho. Mateo nos cuenta que más tarde, cuando estuvieron a solas con el Maestro, se produjo este diálogo:

> *Viniendo entonces los discípulos a Jesús, aparte, dijeron:*
>
> *¿Por qué nosotros no pudimos echarlo fuera?*
>
> *Jesús les dijo:*
>
> *Por vuestra poca fe; porque de cierto os digo, que si tuviereis fe como un grano de mostaza, diréis a este monte: Pásate de aquí allá, y se pasará; y nada os será imposible.* (Mateo 17:19, 20)

Así que ellos no habían podido producir el milagro porque habían tenido poca fe. Eso concordaría con nuestro concepto al respecto. Ellos no eran como Moisés, como Elías... Pero Jesús agregó aquello del tamaño de la fe.

La fe que mueve la mano de Dios, la fe que produce los poderosos milagros, tiene el tamaño de un grano de mostaza. Los discípulos sabían de lo que hablaba el Maestro. La semilla de mostaza tiene entre uno y dos milímetros de diámetro. Caben por lo menos entre veinte y veinticinco semillas de mostaza apoyadas sobre la uña de tu dedo pulgar. Así de grande es la fe necesaria, ya no para liberar a un muchacho poseído, sino para trasladar de lugar una montaña.

¿De qué hablaba Jesús? De que no es cuestión de la mucha fe, sino de la fe. No se trata de que uno viva a un nivel superior al del resto de los mortales. Eso es lo que a veces pensamos de las personas de fe. No es así. De verdad Elías era un hombre común y corriente, con dudas y debilidades también, y hasta llegó a deprimirse. Lo mismo el resto. Lo mismo aquel padre que clamó por su hijo, pidiendo ayuda para su corazón incrédulo.

Lo mismo que Gedeón.

Gedeón dudaba de estar hablando con Dios. Dudaba que fuera Dios quien le estuviera dando la tarea – la inmensa tarea – de liberar a su pueblo de la opresión. Gedeón también pidió ayuda para superar la incredulidad de su corazón.

> *Y él respondió:*
>
> *Yo te ruego que si he hallado gracia delante de ti, me des señal de que tú has hablado conmigo. Te ruego que no te vayas de aquí hasta que vuelva a ti, y saque mi ofrenda y la ponga delante de ti.*

Gedeón era también un *hombre de poca fe.* ¿Te das cuenta de lo que le pide a Dios?

> *... me des señal de que tú has hablado conmigo.*

¡Cómo me identifico con estas palabras! Sí, yo también muchas veces he necesitado – y muchas veces necesito – que Dios me confirme que es Él quien me habla.

¿Y tú? ¿También necesitas que Dios te confirme su Palabra, que Dios fortalezca tu fe?

Así de frágiles somos. Las personas de fe no son superhéroes que se mantienen firmes y constantes sea cual sea la situación que se les presenta. Son seres humanos que a veces se quiebran, que dudan, para quienes el miedo y la confusión no son algo extraño.

Gedeón también fue así. Y, ¿cuál fue la actitud de Dios ante su duda? Aquel hombre le estaba diciendo a Dios: "No estoy seguro de que seas tú quien me está hablando; confírmamelo, por favor". ¿Qué hizo Dios? ¿Lo reprendió por su falta de fe? ¿Se fue a buscar a otro que tuviera más fe?

No. Dios se dispuso a confirmarle su presencia, su poder y su interés personal en intervenir en aquella situación difícil que enfrentaban.

Dios alimentó la fe de Gedeón.

También quiere alimentar la tuya.

Gedeón fue, preparó una comida dedicada a su visitante, produjo lo mejor que tenía. Observa que cuando quiso una confirmación de la presencia de Dios junto a él, lo que hizo fue presentar una ofrenda.

Su actitud no fue la misma que tuvieron otros que dudaron de que Dios estuviera presente y obrando.

> *Le dijeron entonces: ¿Qué señal, pues, haces tú, para que veamos, y te creamos? ¿Qué obra haces?* (Juan 6:30)

¿Sabes quiénes fueron estos, los que formularon estas preguntas? Fueron los mismos que acababan de ser alimentados con los cinco panes y dos peces que Jesús multiplicó. Habían escuchado al Hijo de Dios, habían visto el milagro y se habían beneficiado de él, y todavía pedían "una señal" por la que Jesús les demostrara quién era.

Aquello no era fe. Era abuso. Aquellas personas no veían que Jesús era el Hijo de Dios. Solo querían ser testigos de la espectacularidad de otro milagro. El Maestro no les respondió como esperaban y terminaron apartándose de Él.

Así que hay diferentes maneras de expresar la necesidad de creer. Uno puede hacerlo por ambición personal o porque verdaderamente está buscando relacionarse con Dios y vivir en su voluntad.

La historia de Gedeón es la de una persona cuya fe crece, alimentada por su relación con Dios.

Así tiene que ser también tu historia.

Es posible que tú también le entregues ofrendas a Dios, como lo hizo Gedeón. A ti también, Dios te puede confirmar que recibe y aprecia tu ofrenda.

> *Viendo entonces Gedeón que era el ángel de Jehová, dijo:*
> *Ah, Señor Jehová, que he visto al ángel de Jehová cara a cara.*
> *Pero Jehová le dijo:*
> *Paz a ti; no tengas temor, no morirás.*

Gedeón no saldría de su asombro. Sí había ido a preparar la ofrenda y la había traído, sí había hecho lo que el ángel le había dicho y había puesto su ofrenda donde Él se lo había indicado. Pero entonces había visto como aquella ofrenda había sido consumida por el fuego, y aquello era algo que no había esperado.

¿Notaste cuál fue su primera reacción cuando sucedió aquello? ¡Se asustó! Experimentó lo grande que es hablar con Dios cara a cara, tratar con su Creador, con el que hizo las promesas y las cumple. Dios sabía que pensó que moriría por haber tratado directamente con Dios, y por eso lo consoló afirmándole que no moriría.

Los discípulos de Jesús de hoy en día nos relacionamos con el mismo Dios con el que se relacionó Gedeón. Sigue siendo tremendo, pero a veces, habituados a hacerlo, no valoramos la importancia de esos momentos poderosos y sublimes en los que tratamos con nuestro poderoso Salvador.

Cuando tú oras en el nombre de Jesús, estás hablando con el que todo lo puede, te estás dirigiendo al que tiene toda la autoridad y todo el dominio. Y lo mejor es que Él te escucha, y te responde.

Algunos de nosotros podríamos haber considerado a Gedeón como un caso perdido en lo que a la fe se refiere. Este hombre expresó dudas muy importantes, nacidas de su análisis de las circunstancias que estaban enfrentando él y su pueblo. ¿Puede alguien tan incrédulo recibir algo de Dios? La historia de Gedeón nos muestra la manera en que Dios obró en su vida, desarrollando su fe cuando parecía que lo único que tenía eran dudas e incredulidad.

¿Cómo lo hizo? ¿Cómo hizo Dios para despertar y desarrollar la fe en el corazón de este hombre golpeado por la vida y las dificultades? ¡El Gedeón que vemos al final de la historia — yendo a una batalla humanamente imposible y regresando con una impactante victoria — parece "otra persona", comparando con su actitud inicial!

- Dios lo visitó y le confirmó su presencia.
- Dios no lo reprendió cuando dudó, sino que le ofreció confirmaciones.
- Dios le habló claramente, deteniéndose para confirmarle y aclararle cada paso que tenía que dar.

Es lo que Dios también quiere hacer en tu vida. ¿Crees que Dios no conoce el contenido de tu corazón? ¡Claro que lo conoce! Sabe cuando dudas y sabe cuando crees.

Puede ser que Dios esté hablando a tu corazón ahora mismo. Haces bien si le preguntas: "¿Eres tú, Señor?". Gedeón lo hizo, y Dios le confirmó su presencia.

A ti también te puede ocurrir que lo que Dios te propone, la misión a la que te quiere llevar, te parezca imposible. Eso fue lo que pensó Gedeón también, y Dios lo fue acompañando por el proceso de entender y confiar, hasta que estuvo dispuesto a todo para vivir en la voluntad de Dios. ¿Te cuesta creer que Dios hará lo que sientes que te está diciendo? Se lo puedes decir.

Dios quiere alimentar tu fe.
Dios quiere usarte.
Dios quiere responder tus preguntas.
Dios quiere llevarte a vivir lo que te parece imposible.
Dios está obrando en tu vida.

Relaciónate con Él y confía.

ENFRENTANDO LOS OBSTÁCULOS PERSONALES

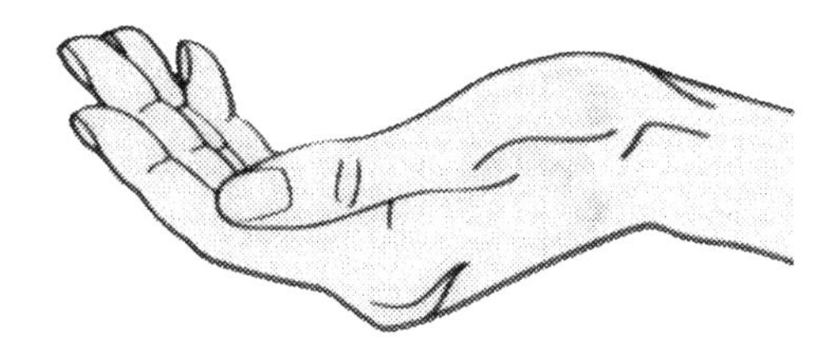

Tengo algunas preguntas para ti:

- Haz una breve reflexión sobre tu vida, acerca de cómo estás viviendo en este tiempo. ¿Consideras qué hay que cambiar algo? ¿Hay algo que necesita ser dejado atrás o mejorado?
- ¿Qué es lo que has recibido de tu familia, tus antepasados, tus referentes? ¿Consideras que tienes que respetar sus valores e ideas o te parece que tendrías que cambiar algunos de ellos?
- ¿Hay algo en tu vida que aceptas porque para los demás es normal, aunque no lo sea para ti? ¿Es tiempo de ponerse firme y dejarlo a un lado, o es mejor seguir acompañando la corriente?

Te dirijo estas preguntas porque considero que es lo que cada uno de nosotros necesita analizar personalmente, no solo una vez sino periódicamente.

Todos somos el producto de nuestro entorno, nuestra educación, nuestra época, nuestra familia, quienes han sido nuestros referentes. Las experiencias que has tenido a lo largo de tu vida han determinado quién eres justo ahora, incluyendo la manera en que tomas decisiones, tu forma de relacionarte con los demás, tus costumbres y mucho más. Al mismo tiempo, ninguno de nosotros es perfecto; es decir, todos nosotros podemos encontrar aspectos de nuestras vidas en los que tenemos que cambiar.

A todos nos llegan esos momentos especiales en los que llegamos a la conclusión de que necesitamos un cambio. Cuando notamos que ciertos patrones de conducta o valores heredados no están dando un buen resultado, ha llegado la hora de cambiar.

Pero, no es fácil. Muchas veces preferimos quedarnos con lo conocido en lugar de cambiar, "porque no sabemos lo que nos va a ocurrir si cambiamos". Sí, todos, en cierta manera, resistimos al cambio, en especial cuando implica actuar, obrar o pensar de manera diferente a los que viven a nuestro alrededor o las personas con las que nos relacionamos habitualmente. ¿Qué van a decir ellos?

Hace algún tiempo atrás se me diagnosticó diabetes. Como muchas personas saben, eso representa un cambio importante en el estilo de vida, en particular en cuanto a los hábitos alimenticios y de movimiento corporal. Pude argumentar que me gustaba mucho consumir un refresco de vez en cuando o que habían ciertos postres que consideraba mis favoritos, y que definitivamente no quería despedirme permanentemente de nada de eso. Pero tuve que ser sensato, aplicar el sentido común y tomar una decisión por lo que sabía que era una mejor administración del cuerpo que Dios me ha dado. Así que adiós refrescos y postres, algunos de los que me acompañaron durante una buena parte de mi transitar en la vida. De la misma manera, a veces tenemos que abandonar costumbres, conceptos, prácticas, actitudes y demás características de nuestra existencia cuando nos enfrentamos al hecho de que son nocivas o perjudiciales para nosotros mismos y quienes nos rodean. Resultó ser que el azúcar era un veneno para mí, y también otros aspectos de mi vida que tuve que cambiar.

Esto se aplica en especial a los que hemos creído en Jesús y hemos decidido ser sus discípulos. Desde aquel primer momento en que nos hemos encontrado con la realidad de que Jesús es el único Camino hacia la vida eterna y una relación restaurada con Dios, el Espíritu Santo de Dios nos ayuda a reconocer áreas de nuestra vida en las que nos estábamos contaminando, con las que estábamos ofendiendo a Dios y que necesitábamos (y muchas veces aún necesitamos) cambiar.

Y en ocasiones, eso es justamente lo que nos separa de la obra que Dios, en su inmenso amor y conforme a su plan eterno, quiere desarrollar en nosotros.

> *Antes ustedes estaban muertos a causa de su desobediencia y sus muchos pecados. Vivían en pecado, igual que el resto de la gente, obedeciendo al diablo —el líder de los poderes del mundo invisible—, quien es el espíritu que actúa en el corazón de los que se niegan a obedecer a Dios. Todos vivíamos así en el pasado, siguiendo los deseos de nuestras pasiones y la inclinación de nuestra naturaleza pecaminosa. Por nuestra propia naturaleza, éramos objeto del enojo de Dios igual que todos los demás.*
>
> *Pero Dios es tan rico en misericordia y nos amó tanto que, a pesar de que estábamos muertos por causa de nuestros pecados, nos dio vida cuando levantó a Cristo de los muertos. (¡Es sólo por la gracia de Dios que ustedes han sido salvados!) Pues nos levantó de los muertos junto con Cristo y nos sentó con él en los lugares celestiales, porque estamos unidos a Cristo Jesús. De modo que, en los tiempos futuros, Dios puede ponernos como ejemplos de la increíble riqueza de la gracia y la bondad que nos tuvo, como se ve en todo lo que ha hecho por nosotros, que estamos unidos a Cristo Jesús.*

> *Dios los salvó por su gracia cuando creyeron. Ustedes no tienen ningún mérito en eso; es un regalo de Dios. La salvación no es un premio por las cosas buenas que hayamos hecho, así que ninguno de nosotros puede jactarse de ser salvo. Pues somos la obra maestra de Dios. Él nos creó de nuevo en Cristo Jesús, a fin de que hagamos las cosas buenas que preparó para nosotros tiempo atrás.* (**Efesios 2.1–10**, NTV)

Es que creer en Jesús – nunca nos cansaremos de decirlo – es mucho más que un cambio ideológico o de religión. Es verdaderamente una revolución personal, y un verdadero cambio de muerte a vida. Muchos han fantaseado con los zombies, o los muertos vivientes, cuando los verdaderos muertos que piensan, hablan y caminan son todos los que recorren esta vida sin Cristo. Es decir, nosotros, en algún momento de nuestra existencia, antes de que la luz del evangelio iluminara nuestro corazón.

No se trata de que en algún momento de nuestra vida hayamos estado bien con Dios antes de hacer nuestro compromiso voluntario de fe con Jesús. La vida de cualquier persona, desconectada de la relación vital con Dios que solamente puede ser alcanzada por la fe en Jesús, es definida como muerte en la Biblia.

¿A quién obedece la persona que no escucha la voz de Dios y le obedece a Él? Puede parecer que la persona es independiente, que actúa conforme a los dictados de su propio corazón, libremente, pero dice en este pasaje que obedece al diablo, y lo que es aún peor, que es *objeto del enojo de Dios*. No es, de ninguna manera, una posición en la que queramos estar, pero no podemos salir de ella hasta que aceptamos la orientación de Dios y decidimos dejarnos dirigir por Él.

Si estás reconociendo en este momento que esa es tu situación, por favor, decídete ya mismo por Jesús, invoca su nombre, entrégale todo tu ser y acepta que sea tu Salvador y el Señor de tu vida.

Algunos, tal vez, podrían argumentar: "Yo ya experimenté los cambios en mi vida, cuando creí en Jesús, algún tiempo atrás". Allí es donde caemos en otro error, porque la realidad es que mientras estemos en la carne vamos a encontrar áreas de nuestra vida que tienen que ser sujetadas a la voluntad de Dios, aspectos de nuestra existencia que tienen que cambiar.

Algo así es lo que le sucedió a Gedeón, justo cuando Dios lo estaba llamando a vivir la inmensa aventura de participar en su obra y ver sus milagros. Dios quería integrarlo al desarrollo de su plan, que participara personalmente de lo que Él estaba haciendo en respuesta a las oraciones de su pueblo, pero primero necesitaba enfrentar los obstáculos espirituales qué tal vez Gedeón no había considerado hasta ese momento.

> *Aconteció que la misma noche le dijo Jehová:*
>
> *Toma un toro del hato de tu padre, el segundo toro de siete años, y derriba el altar de Baal que tu padre tiene, y corta también la imagen de Asera que está junto a él; y edifica altar a Jehová tu Dios en la cumbre de este peñasco en lugar conveniente; y tomando el segundo toro, sacrifícalo en holocausto con la madera de la imagen de Asera que habrás cortado.*
>
> *Entonces Gedeón tomó diez hombres de sus siervos, e hizo como Jehová le dijo. Mas temiendo hacerlo de día, por la familia de su padre y por los hombres de la ciudad, lo hizo de noche.*
>
> *Por la mañana, cuando los de la ciudad se levantaron, he aquí que el altar de Baal estaba derribado, y cortada la imagen de Asera que estaba junto a él, y el segundo toro había sido ofrecido en holocausto sobre el altar edificado. Y se dijeron unos a otros:*
>
> *¿Quién ha hecho esto?*
>
> *Y buscando e inquiriendo, les dijeron:*
>
> *Gedeón hijo de Joás lo ha hecho.*

Entonces los hombres de la ciudad dijeron a Joás:

Saca a tu hijo para que muera, porque ha derribado el altar de Baal y ha cortado la imagen de Asera que estaba junto a él.

Y Joás respondió a todos los que estaban junto a él:

¿Contenderéis vosotros por Baal? ¿Defenderéis su causa? Cualquiera que contienda por él, que muera esta mañana. Si es un dios, contienda por sí mismo con el que derribó su altar.

Aquel día Gedeón fue llamado Jerobaal, esto es: Contienda Baal contra él, por cuanto derribó su altar. (Jueces 6:25 – 32)

Gedeón estaba en una situación difícil y especial. Estaba viviendo, junto con su familia, momentos de mucha dificultad, teniendo que enfrentar la presencia de enemigos militares que afectaban la vida de toda la comunidad en todo sentido. Todo estaba mal: la economía, las relaciones, las actividades que antes habían sido normales, todo se veía afectado por el temor, la injusticia y la incertidumbre.

Entonces, mientras por dentro se preguntaría hacia dónde podría huir, mientras miraba alrededor temiendo que los enemigos lo descubrieran escondiendo el producto de la cosecha, recibió una visita asombrosa y diferente. Le había costado un poco entenderlo al comienzo, pero había logrado entender que el propio ángel de Dios lo había visitado. Aquello sí que no se lo había esperado. Ni en sus sueños más remotos se hubiera considerado digno de ser recordado por Dios, y mucho menos ser llamado por Él para que todo su pueblo pudiera ser liberado de sus enemigos. Pero eso había ocurrido, por más que todavía le costara creerlo.

¿Se habría preguntado Gedeón, antes de este acontecimiento, cómo sería o cómo se sentiría tener un encuentro con Dios? ¿Y tú? ¿Te has encontrado con Dios? ¿Cómo ha sido para ti?

Hay personas que creen que aparece Dios en la vida de una persona y desde ese momento en adelante todo sale bien y resulta fácil. Si eso es lo que tú también piensas, me imagino que esta experiencia de Gedeón puede hacerte reconsiderar tu posición.

A veces, antes de mejorar, las cosas pueden tornarse todavía más difíciles o incómodas. Eso fue lo que le sucedió a Gedeón.

El propio Dios estaba con él y su comunidad, y se le había revelado personalmente, confirmando su presencia sin dejar dudas al respecto. Ahora, simplemente, todo iba a salir bien, ¿no?

No tan rápido. Antes de ninguna victoria, antes de más milagros, Dios demandó decisiones delicadas, radicales y muy poco populares.

El ángel de Dios desapareció de ante la vista de Gedeón, pero Dios volvió a hablarle aquella misma noche. ¿Cómo le habló? Como tantas veces en la Biblia, no se nos dice el "cómo". Pudo haber sido una voz en su corazón, un sueño, un pensamiento, o cualquier otra cosa. Lo que sabemos es que Dios le habló, y que Gedeón supo que lo había hecho, y entendió con toda claridad lo que le dijo.

> *Aconteció que la misma noche le dijo Jehová:*
>
> *Toma un toro del hato de tu padre, el segundo toro de siete años, y derriba el altar de Baal que tu padre tiene, y corta también la imagen de Asera que está junto a él; y edifica altar a Jehová tu Dios en la cumbre de este peñasco en lugar conveniente; y tomando el segundo toro, sacrifícalo en holocausto con la madera de la imagen de Asera que habrás cortado.*

Considera la manera en que Dios le habla a Gedeón en este pasaje. Así es como puede y quiere hablar contigo. ¿Qué te dice este pasaje de Dios y de la relación que establece con sus hijos?

¿Te das cuenta de lo detallado y específico que es Dios al ordenar los pasos de quien le sirve? Considera las diferentes maneras en que podía haberlo dicho:

- "Les he enseñado que la idolatría no es algo bueno. Enséñale a tu pueblo que todo lo que les está sucediendo tiene que ver con su mala costumbre de adorar ídolos".

- "Gedeón, ¿alguna vez te inclinaste ante un ídolo pagano? Arrepiéntete de ese y de todos tus pecados".
- "Haz un lindo altar para Dios, e invita a todo el que quiera creer para que tengan un momento de adoración y gratitud ante su presencia".

Acabas de leerlo, Dios no dijo nada de eso. Vuelve a leerlo y considera las cosas de las que habló.

- Mencionó el rebaño de su padre, es decir, sabía perfectamente cuál era el negocio de la familia.
- Se refirió específicamente a uno de los toros, concretamente el segundo. Dios no se limitaba a conocer cuál era el negocio de la familia, sino que conocía también los detalles, aquello de lo que se hablaba en la intimidad de la familia.
- ¿Observaste que Dios aún hace referencia a la edad del toro? No quería que Gedeón tuviera motivos para equivocarse. Aquel era un toro especial, probablemente el mejor del rebaño, y Dios lo había considerado digno de ser un sacrificio para Él.
- Dios decidió elegir con qué madera se encendería el fuego para quemar al toro sacrificado como un holocausto. En aquello de la leña estaba contenido el mensaje que Dios quería transmitir contra la idolatría. Pero sigue siendo específico, muy específico: describe el altar dedicado a Baal y el poste con la imagen de la diosa Asera como quien se ha paseado frente al lugar. Gedeón conocía bien aquel lugar, y sabía que las referencias eran exactas.
- Dios no solamente conocía el lugar. Todo se volvió absolutamente personal para Gedeón cuando dijo *"el altar de Baal que tu padre tiene"*. No era cualquier altar, "un altar", sino que Dios conocía los orígenes, las razones, las personas involucradas. Si el propio Gedeón hubiera presentado alguna vez una ofrenda al dios pagano, o si siquiera se hubiera inclinado levemente en aquel lugar, Dios lo sabía.

¿Entiendes lo que esto revela acerca de Dios? Sí, puedes decirlo: que Dios conoce todo acerca de la vida de las personas, hasta los detalles más pequeños. ¿Te das cuenta de que, así como Dios conocía el segundo toro de aquel rebaño y había visto el poste dedicado a la diosa, de la misma manera conoce todos los detalles de tu existencia?

El rey David, muchos años después, descubriría esta conmovedora realidad.

[1] Señor, tú me examinas,
tú me conoces.
[2] Sabes cuándo me siento y cuándo me levanto;
aun a la distancia me lees el pensamiento.
[3] Mis trajines y descansos los conoces;
todos mis caminos te son familiares.
[4] No me llega aún la palabra a la lengua
cuando tú, Señor, ya la sabes toda.
[5] Tu protección me envuelve por completo;
me cubres con la palma de tu mano.
[6] Conocimiento tan maravilloso rebasa mi comprensión;
tan sublime es que no puedo entenderlo.

[7] ¿A dónde podría alejarme de tu Espíritu?
¿A dónde podría huir de tu presencia?
[8] Si subiera al cielo,
allí estás tú;
si tendiera mi lecho en el fondo del abismo,
también estás allí.
[9] Si me elevara sobre las alas del alba,
o me estableciera en los extremos del mar,
[10] aun allí tu mano me guiaría,
¡me sostendría tu mano derecha!

[11] Y si dijera: «Que me oculten las tinieblas;
que la luz se haga noche en torno mío»,
[12] ni las tinieblas serían oscuras para ti,

y aun la noche sería clara como el día.
¡Lo mismo son para ti las tinieblas que la luz!

[13] *Tú creaste mis entrañas;*
me formaste en el vientre de mi madre.
[14] *¡Te alabo porque soy una creación admirable!*
¡Tus obras son maravillosas,
y esto lo sé muy bien!
[15] *Mis huesos no te fueron desconocidos*
cuando en lo más recóndito era yo formado,
cuando en lo más profundo de la tierra
era yo entretejido.
[16] *Tus ojos vieron mi cuerpo en gestación:*
todo estaba ya escrito en tu libro;
todos mis días se estaban diseñando,
aunque no existía uno solo de ellos.

[17] *¡Cuán preciosos, oh Dios, me son tus pensamientos!*
¡Cuán inmensa es la suma de ellos!
[18] *Si me propusiera contarlos,*
sumarían más que los granos de arena.
Y si terminara de hacerlo,
aún estaría a tu lado.
[1]*Oh Jehová, tú me has examinado y conocido.*
[2]*Tú has conocido mi sentarme y mi levantarme;*
Has entendido desde lejos mis pensamientos.
[3]*Has escudriñado mi andar y mi reposo,*
Y todos mis caminos te son conocidos.
[4]*Pues aún no está la palabra en mi lengua,*
Y he aquí, oh Jehová, tú la sabes toda.
[5]*Detrás y delante me rodeaste, Y sobre mí*
pusiste tu mano.
[6]*Tal conocimiento es demasiado maravilloso para mí;*
Alto es, no lo puedo comprender.
[7]*¿A dónde me iré de tu Espíritu? ¿Y a dónde*

huiré de tu presencia?
[8]*Si subiere a los cielos, allí estás tú; Y si en el Seol hiciere mi estrado, he aquí, allí tú estás.*
[9]*Si tomare las alas del alba Y habitare en el extremo del mar,*
[10]*Aun allí me guiará tu mano, Y me asirá tu diestra.*
[11]*Si dijere: Ciertamente las tinieblas me encubrirán; Aun la noche resplandecerá alrededor de mí.*
[12]*Aun las tinieblas no encubren de ti, Y la noche resplandece como el día; Lo mismo te son las tinieblas que la luz.*
[13]*Porque tú formaste mis entrañas; Tú me hiciste en el vientre de mi madre.*
[14]*Te alabaré; porque formidables, maravillosas son tus obras; Estoy maravillado, Y mi alma lo sabe muy bien.*
[15]*No fue encubierto de ti mi cuerpo, Bien que en oculto fui formado, Y entretejido en lo más profundo de la tierra.*
[16]*Mi embrión vieron tus ojos, Y en tu libro estaban escritas todas aquellas cosas Que fueron luego formadas, Sin faltar una de ellas.*
[17]*¡Cuán preciosos me son, oh Dios, tus pensamientos! ¡Cuán grande es la suma de ellos!*
[18]*Si los enumero, se multiplican más que la arena; Despierto, y aún estoy contigo.* (Salmos 139.1–18)

¡Qué maravillosa manera de expresarlo! Nadie puede escapar de la mirada de Dios. Él conoce todos los detalles de nuestra existencia. Conoce nuestras palabras aún antes de que salgan de nuestra boca, conoce y conoció los más íntimos detalles de nuestro cuerpo porque Él mismo lo entretejió. ¡Y el descubrimiento de la atenta mirada de Dios a todos los rincones de nuestra existencia es algo maravilloso!

Y no hay cosa creada que no sea manifiesta en su presencia; antes bien todas las cosas están desnudas y abiertas a los ojos de aquel a quien tenemos que dar cuenta. (Hebreos 4.13)

No, ninguna, y eso te incluye. Tú también fuiste creado, y estás ante la vista de Dios.

¿No se te eriza la piel al considerar esta profunda realidad?

Pero ¡espera! ¿En qué es lo que pensamos inmediatamente al reaccionar ante la verdad de que Dios conoce todo de nosotros? Sí, casi inmediatamente nos enfrentamos con la realidad de que hay partes de nuestra historia de las que no nos sentimos exactamente orgullosos. Hemos hecho, dicho y pensado cosas que han ofendido a Dios, y lo sabemos. Le hemos faltado el respeto de diferentes maneras, y eso se llama pecado.

Sí, Dios se había paseado por el pueblo donde Gedeón vivía, y había estado mirando el día en que su padre, su propio padre, había dedicado el altar a Baal. Dios se había paseado por aquella plaza donde se encontraba el poste de Asera, y el que conocía al segundo toro del rebaño, seguro que también conocía a cada una de las personas de la comunidad.

Tal como te conoce a ti, con tu historia, tus hechos, tus errores y aciertos, tus problemas y tus emociones.

Pero Dios no se detuvo en el conocimiento. Había que hacer algo al respecto, y Dios había sido muy específico en cuanto a lo que había que hacer. No había dejado espacio para interpretaciones equivocadas o procedimientos inapropiados.

Esta es, tal vez, la enseñanza más directa de este pasaje: ***Muchas veces, en el proceso para que Dios responda nuestra oración para derrotar a nuestros peores enemigos nos va a pedir que abandonemos los caminos corruptos que nos llevaron hasta allí en primer lugar.***

Es posible que a nosotros se nos pudiera haber ocurrido un atajo, una forma más sencilla de hacerlo. Podríamos pensar que, ya que Dios es bueno y nos ama, a veces podría eludir los asuntos incómodos de tratar para pasar sencillamente a bendecirnos y ayudarnos. Pero no lo hace así y, ¿sabes por qué? Porque sabe que lo más importante para nuestras vidas es nuestra relación con Él. Fuimos creados para honrarle, y cuando no lo hacemos, cuando hacemos a un lado el temor de Dios para hacer las cosas a nuestra manera, somos los primeros en perjudicarnos.

Es por eso que Dios nunca va a pasar por alto el asunto de la idolatría.

Eso fue lo que ocurrió en aquella ocasión. Dios había escuchado el clamor de su pueblo, y quería liberarlos de sus opresores. Pero no podía hacerlo mientras ellos siguieran dándole un lugar de importancia a algo que no era Él mismo.

Al recorrer las páginas de la Biblia descubrirás que este es un asunto recurrente. Aparece entre los mandamientos, se reitera una y otra vez en la Ley, se repite a lo largo de la historia bíblica y aún Jesús menciona que el mandamiento más importante de todos es que amemos a Dios por sobre todas las cosas.

¿Tiene este asunto de la idolatría algo que ver contigo? ¿Se trata solamente del asunto de las imágenes talladas? No, se trata de que Dios tiene que contar con toda tu atención, sin que haya algo o alguien que te distraiga de ella.

Gedeón tenía que enfrentar una situación bien incómoda. Dios le había dado instrucciones muy precisas acerca de lo primero que tenía que hacer para servirle, y eso implicaba exponerse públicamente, manifestándose en contra de algo que a todos les parecía bueno y normal.

Creo que nosotros nos podemos identificar con esto. Hay muchas cosas en la sociedad en la que vivimos que son normales, divertidas y positivas para la mayoría, pero que alejan a las personas de Dios. ¿Encuentras el paralelo entre lo que Dios le pidió a Gedeón que hiciera y lo que nos puede pedir a ti y a mí? Hoy en día es incómodo hablar del aborto, la homosexualidad, la pornografía, y muchos temas delicados más. Es posible que Dios quiera que tomemos el segundo toro y lo sacrifiquemos sobre la madera de esas imágenes.

> *Entonces Gedeón tomó diez hombres de sus siervos, e hizo como Jehová le dijo.*

Creo que Dios quiere encontrar este tipo de compromiso y lealtad en nosotros. ¿Será fácil? No siempre lo será, como no lo debe haber sido para Gedeón. Evitó la exposición pública que hubiera significado proceder a la destrucción del altar y el poste a plena luz del día, pero sabía que de todas maneras existirían reacciones, y las hubo. Sí, Gedeón debe haber sido el comentario de todos al día siguiente.

> *Por la mañana, cuando los de la ciudad se levantaron, he aquí que el altar de Baal estaba derribado, y cortada la imagen de Asera que estaba junto a él, y el segundo toro había sido ofrecido en holocausto sobre el altar edificado. Y se dijeron unos a otros:*
>
> *¿Quién ha hecho esto?*
>
> *Y buscando e inquiriendo, les dijeron:*
>
> *Gedeón hijo de Joás lo ha hecho.*
>
> *Entonces los hombres de la ciudad dijeron a Joás:*
>
> *Saca a tu hijo para que muera, porque ha derribado el altar de Baal y ha cortado la imagen de Asera que estaba junto a él.*
>
> *Y Joás respondió a todos los que estaban junto a él:*
>
> *¿Contenderéis vosotros por Baal? ¿Defenderéis su causa? Cualquiera que contienda por él, que muera esta mañana. Si es un dios, contienda por sí mismo con el que derribó su altar.*
>
> *Aquel día Gedeón fue llamado Jerobaal, esto es: Contienda Baal contra él, por cuanto derribó su altar.*

Sí, hubo quienes quisieron "hacer algo al respecto". Estuvieron aquellos que consideraron que el hijo de Joás había ido demasiado lejos. ¿Cómo se le iba a ocurrir ir en contra de la opinión de los demás? Y sí, quisieron quitarle la vida por eso.

Todo esto me hace sentir que nosotros, por lo general, nos enfrentamos a una resistencia menor que la que tuvo que enfrentar él.

Dios quiere tratar con esos asuntos delicados e incómodos de nuestra vida. No nos va a bendecir ni a llevar a la victoria en su nombre mientras los ídolos todavía están en pie. Así que necesitamos enfrentar la incomodidad de ponernos ante la luz de Dios.

> *Este es el mensaje que hemos oído de él, y os anunciamos: Dios es luz, y no hay ningunas tinieblas en él. Si decimos que tenemos comunión con él, y andamos en tinieblas, mentimos, y no practicamos la verdad;pero si andamos en luz, como él está en luz, tenemos comunión unos con otros, y la sangre de Jesucristo su Hijo nos limpia de todo pecado. Si decimos que no tenemos pecado, nos engañamos a nosotros mismos, y la verdad no está en nosotros. Si confesamos nuestros pecados, él es fiel y justo para perdonar nuestros pecados, y limpiarnos de toda maldad.* (1 Juan 1.5–9)

Deja que el Espíritu Santo de Dios analice tu vida y te conduzca a lo que haga falta hacer para que Dios llegue a ocupar el lugar que le corresponde en tu vida. Dios te está invitando a participar en su obra, a ser parte de sus victorias y a ser testigo de sus milagros, pero tiene que contar con tu lealtad completa y con el compromiso de servirle a pesar de la oposición de los que no le sirven, aunque sean parte de tu familia.

Te propongo que ya dejes de leer y que dediques un tiempo para pedirle a Dios que te muestre si algo de esto te involucra personalmente. Dios sabe como hacer esto de la manera más específica posible, como lo hizo con Gedeón.

Hay una gran victoria por delante. Confía en Dios y da los pasos de fe que Él te muestre. Dios va a hacer algo grande, y quiere que seas parte de ello.

BUSCANDO LA VOLUNTAD DE DIOS

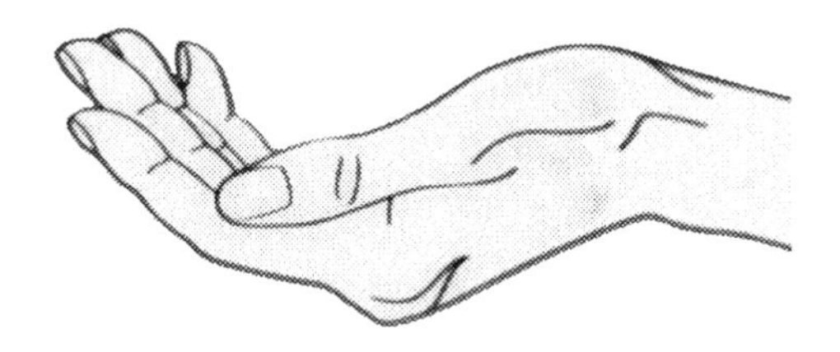

¿Qué estás haciendo con tu vida?

Sé que así formulada suena como una pregunta complicada. Es decir, no es algo que uno pueda responder rápidamente. Se requiere cierta reflexión al respecto. Pero el hecho de que te haga pensar no es malo. Esta es una pregunta compleja, y al mismo tiempo necesaria para un buen desarrollo personal.

Así que inténtalo otra vez. ¿Qué estás haciendo con tu vida? ¿A qué le estás dedicando tu tiempo? ¿A qué le vas a dedicar los años que te quedan de vida? Piénsalo, por favor.

Y un paso más adelante en tu meditación personal: ¿A quién sirves? ¿Para quién haces lo que haces? ¿A quién obedeces?

Cuando tomas decisiones, ¿la voluntad de quién estás haciendo?

Me puedes responder que eres una persona libre, y lo comprenderé.

Tomas tus propias decisiones, así que es obvio que estás haciendo tu propia voluntad.

¿Estás absolutamente seguro?

¿Sabes por qué te lo pregunto? Porque puede suceder que sin que uno lo note, termine cayendo bajo las sutilezas del mundo en que vivimos, sirviendo a quien no hubiéramos querido.

Piénsalo por un momento. ¿No te ha sucedido alguna vez que llegas a casa luego de pasar algún tiempo en una tienda, el supermercado o el centro comercial y al llegar reconoces que compraste algo que en realidad no necesitabas? "Bueno, es que estaba muy barato", puedes argumentar. Pero ¿de veras era necesario? Se veía bien, se mostraba accesible, no parecía que fuera a representar una carga económica muy perjudicial para tu presupuesto, pero no era imprescindible. ¿La voluntad de quién hiciste en ese caso?

Todos queremos ser libres, tener nuestros propios criterios y hacer las cosas a nuestra manera. El problema consiste en que por lo general de manera muy sutil terminamos sirviendo a amos que no hemos elegido o a los que nunca hubiéramos querido servir.

Seguro que no es eso lo que quieres para ti.

Tampoco es lo que Dios quiere para ti. Al contrario, por medio de Jesús y su sacrificio en la cruz, Dios proveyó los medios para que podamos escoger, consciente y deliberadamente, a quién servir.

Esa es la razón por la que es importante que te vuelvas a cuestionar:

> ¿Por qué haces lo que haces?
>
> ¿Cuál es la base sobre la que apoyas tus decisiones?
>
> ¿Estás tomando las decisiones correctas?

Y para ti que ya has aceptado que Jesús sea el Salvador y Señor de tu vida, ¿hasta qué punto te importa HACER LA VOLUNTAD DE DIOS?

Gran pregunta: ¿Estás viviendo de acuerdo con la voluntad de Dios?

☞ 1) ¿QUIÉN O QUÉ DIRIGE TU VIDA?

Permíteme expresar esto de una manera sencilla y directa: si no estás viviendo en la voluntad de Dios, estás viviendo conforme a la voluntad de alguien más. Puedes argumentar que haces lo que quieres, que tomas tus propias decisiones, que no aceptas presiones ni manipulaciones de nadie. Sí, eso puede parecer, pero no es toda la verdad.

> *Y él os dio vida a vosotros, cuando estabais muertos en vuestros delitos y pecados, en los cuales anduvisteis en otro tiempo, siguiendo la corriente de este mundo, conforme al príncipe de la potestad del aire, el espíritu que ahora opera en los hijos de desobediencia, entre los cuales también todos nosotros vivimos en otro tiempo en los deseos de nuestra carne, haciendo la voluntad de la carne y de los pensamientos, y éramos por naturaleza hijos de ira, lo mismo que los demás. Pero Dios, que es rico en misericordia, por su gran amor con que nos amó….* (Efesios 2:1 – 4)

Creo que esto es bastante claro. Si Cristo Jesús no está dirigiendo tu vida, si él no es tu Señor, entonces estás viviendo bajo la influencia de otros señores. ¿Te das cuenta de que aquí dice que quienes no viven bajo el señorío de Cristo lo hacen

- *siguiendo la corriente de este mundo,*
- *conforme al príncipe del poder del aire, el espíritu que ahora opera en los hijos de desobediencia,*
- *en los deseos de nuestra carne,*
- *haciendo la voluntad de la carne y de los pensamientos*?

Sí, hace referencia a que toman sus propias decisiones (siguen su propia voluntad y sus propósitos), pero lo hacen bajo la influencia del *espíritu que ahora opera en los hijos de desobediencia*. Eso suena bastante mal, ¿no te parece?

Es decir, si no estás viviendo en la voluntad de Dios por medio de la fe en Jesús, ¿en serio quieres vivir *conforme a los poderes de este mundo*? ¿Te das cuenta de que vivir así trae consecuencias para el presente y también para el futuro?

Entonces, ¡despierta! Es de vital importancia que te asegures de estar viviendo lo que tienes que vivir, conforme a la voluntad de Dios. Necesitas confirmar que es a Dios a quién estás sirviendo, en lugar de procurar servirte a ti mismo, a algún miembro de tu familia, tu jefe y su dinero, y finalmente a algún poder espiritual contrario a los propósitos de Dios.

La Palabra de Dios nos revela lo que sucedía con Israel en la Tierra Prometida luego de la conquista.

> *En estos días no había rey en Israel; cada uno hacía lo que bien le parecía.* (Jueces 21:25)

Se parece demasiado a lo que sucede en nuestro presente, ¿no te parece? *Cada uno hace lo que le parece mejor.*

Si te detienes a pensar con cuidado con respecto a tu propia vida tendrás que reconocer que muchas veces vivimos así. ¿No es lo que hace todo el mundo? Porque, ¿qué hay de malo en que *cada uno haga lo que le parece mejor*?

Lo que tiene de malo es que *lo que nos parece mejor* no siempre es lo mejor. Y somos presa fácil de la influencia espiritual de los poderes de este mundo, cuyas ideas no son exactamente para nuestro bien.

La Palabra de Dios muestra una y otra vez su eficacia para describir a las personas y el mundo en que vivimos. Observa como describe a las personas de *los últimos días.*

> *También debes saber esto: que en los postreros días vendrán tiempos peligrosos.Porque habrá hombres amadores de sí mismos, avaros, vanagloriosos, soberbios, blasfemos, desobedientes a los padres, ingratos, impíos, sin afecto natural, implacables, calumniadores, intemperantes, crueles, aborrecedores de lo bueno, traidores, impetuosos,*

> *infatuados, amadores de los deleites más que de Dios, que tendrán apariencia de piedad, pero negarán la eficacia de ella; a éstos evita.* (2 Timoteo 3:1 – 5)

El detalle al final no es de menor importancia. Viviendo sin Cristo y teniendo todo este tipo de actitudes y conductas contrarias a la voluntad de Dios uno podría *tener apariencia de piedad*, es decir, verse espiritual.

Por favor, no caigas en este error.

La vida que Jesús nos propone vivir, siendo salvos por su sacrificio en la cruz, es bien diferente.

> *Entonces Jesús dijo a sus discípulos: Si alguno quiere venir en pos de mí, niéguese a sí mismo, y tome su cruz, y sígame. Porque todo el que quiera salvar su vida, la perderá; y todo el que pierda su vida por causa de mí, la hallará. Porque ¿qué aprovechará al hombre, si ganare todo el mundo, y perdiere su alma? ¿O qué recompensa dará el hombre por su alma?* (Mateo 16:24 – 26)

Parece un juego de palabras, pero es mucho más que eso.

Jesús deja clara la manera de establecer una relación con Él y con nuestro Padre celestial por medio de Él. Jesús no está en busca de simpatizantes, ni procura sumar el número de personas a las que les cae bien. Jesús salva a los discípulos, no a los simpatizantes.

Considero que en estas palabras del Maestro queda bien claro que una persona no puede vivir la vida *a su manera* y ser discípulo de Jesús al mismo tiempo. Para ser discípulo de Jesús uno tiene que…

- *…negarse a sí mismo,*
- *tomar su cruz y*
- *seguirle.*

Pero no te pierdas la aclaración que hace Jesús. Una persona puede tener la intención de *salvar su vida*, y esa persona *la perderá*. La persona que *halla su vida* (el que recibe la vida eterna, la vida de verdad) es la que *pierde su vida.*

¿A qué se está refiriendo el Maestro? ¡Nos está informando que cualquier intento de vivir la vida "a nuestra manera", conforme a nuestros propios deseos (y eso implica vivir bajo la influencia de las potencias espirituales de este mundo) nos conduce a la condenación!

¿Entiendes por qué está importante asegurarse de estar viviendo *conforme a la voluntad de Dios*?

Por eso, disculpa la insistencia, pero ¿la voluntad de quién estás haciendo en tu vida?

☞ 2) DIOS QUIERE DIRIGIR TU VIDA Y QUE VIVAS CONFORME A SU VOLUNTAD.

No hay palabras que sean capaces de destacar lo suficiente la libertad que llegamos a experimentar cuando verdaderamente vivimos en la voluntad de Dios.

Cuando uno vive por su propia cuenta, bajo la influencia de los poderes de este mundo, puede tener el concepto de que vivir en la voluntad de Dios no es agradable, que es simplemente difícil o que es una vida de limitaciones y privaciones. Eso no es cierto.

Tampoco es cierto que Dios quiera esconder su voluntad, o que haya hecho tan difícil que uno viva conforme a sus planes que solamente unos pocos "muy iluminados" son capaces de vivir así.

Dios quiere que ***tú*** vivas conforme a su voluntad.

¿Recuerdas las duras palabras que Jesús pronunció acerca del momento de su segunda venida?

> *No todo el que me dice: Señor, Señor, entrará en el reino de los cielos, sino el que hace la voluntad de mi Padre que está en los cielos. Muchos me dirán en aquel día: Señor, Señor, ¿no profetizamos en tu nombre, y en tu nombre echamos fuera demonios, y en tu nombre hicimos muchos milagros?*

> *Y entonces les declararé: Nunca os conocí; apartaos de mí, hacedores de maldad.* (Mateo 7:21 – 23)

Hacer la voluntad de Dios no solamente es lo que Dios quiere y es importante: es cuestión de vida o muerte. Los cristianos soñamos con aquel glorioso momento en que veremos a nuestro Salvador cara a cara en su preciosa presencia, y anhelamos encontrarnos con su sonrisa y su abrazo. Nuestro corazón se llena de esperanza por aquel momento en el que Jesús nos aliente por haberlo logrado, por haber perseverado en Él.

¿No te parece que sería una horrible decepción si en lugar de eso, en lugar de sonreírnos y abrazarnos afirma que no nos conoce?

¿Qué es lo que hace la diferencia entre una situación y otra? La diferencia no consiste en quién haya ido a la iglesia o haya conocido la doctrina correcta.

> *La persona que entra en el reino de los cielos es la que hace la voluntad de Dios.*

Hacer la voluntad no es tan difícil. Dios quiere que conozcas y hagas su voluntad.

> *Mas el que entra por la puerta, el pastor de las ovejas es. A éste abre el portero, y las ovejas oyen su voz; y a sus ovejas llama por nombre, y las saca.Y cuando ha sacado fuera todas las propias, va delante de ellas; y las ovejas le siguen, porque conocen su voz. Mas al extraño no seguirán, sino huirán de él, porque no conocen la voz de los extraños.* (Juan 10:2 – 5)

Jesús se está presentando aquí como el Buen Pastor. La figura que presenta es muy elocuente y llena de una inmensa ternura, lo que refleja el intenso amor que siente por sus discípulos.

¿Tú también notaste que llama a *sus ovejas* por su nombre? El Buen Pastor te conoce. Sabe perfectamente todo lo que ha sucedido y sucede en tu vida. Te conoce y te llama por tu nombre. Abre tu corazón y escúchalo, por favor. No sé qué tipo de emoción te produce esto, pero a mí me brotan las lágrimas cuando me siento tan amado, tan importante para mi Señor y Salvador.

Los que estamos en Jesús estamos bajo su atenta mirada, y Él nos dirige.

Además, *las ovejas le siguen, porque conocen su voz.*

Este no es un detalle menor en lo que se refiere a nuestra relación con Jesús. Si eres una de sus ovejas, reconocerás su voz. Es decir, Jesús te hablará, te indicará hacia donde ir a lo largo del camino de la vida, y tú sabrás reconocer su voz entre todas las voces que procuran influenciar tu vida.

¿Escuchas la voz de Jesús? ¿Eres capaz de reconocer su voz?

Las ovejas de Jesús no siguen a los extraños, ni se dejan llevar por los espíritus de error que confunden a los que se alejan de la verdad.

El mismo Jesús prometió no dejarnos sumidos en la confusión.

> *Otra vez Jesús les habló, diciendo: Yo soy la luz del mundo; el que me sigue, no andará en tinieblas, sino que tendrá la luz de la vida.* (Juan 8:12)

Jesús no es uno más entre la multitud. Él es *la luz del mundo.* Como tal, tiene toda la autoridad como para declarar lo que sucederá con aquellos que le sigan.

Los que siguen a Jesús no andan a oscuras.

Si sigues a Jesús, no tienes por qué estar confundido. Es cierto que los discípulos de Jesús vivimos relacionándonos con el invisible, pero eso no quiere decir que vivamos confundidos, sin saber qué hacer ni qué decisión tomar. No vivimos a oscuras, porque vivimos con la luz y *tenemos la luz de la vida*, que es nuestro propio Salvador.

¿Tienes a Jesús en tu vida? Entonces debes saber que Dios quiere dirigir tu vida, y que quiere revelarte qué decisión tomar, para que vivas escogiendo andar en obediencia a Él, conforme a su voluntad.

☞ 2) HAZ UNA PAUSA Y BUSCA LA DIRECCIÓN Y LA CONFIRMACIÓN DE DIOS PARA VIVIR EN SU VOLUNTAD.

Si caminas con Jesús, no puedes andar por la vida dejándote llevar por cualquier influencia a tu alrededor. Tienes que vivir conforme a la voluntad de Dios, en obediencia a él, escuchando y reconociendo su voz.

Los discípulos de Jesús oramos diciendo:

> *Hágase tu voluntad, como en el cielo, así también en la tierra.* (Mateo 6:10)

Esa es una frase bien conocida del Padrenuestro. Muchas personas son capaces de recordarla y repetirla, pero no todos sujetan realmente sus vidas a la voluntad de Dios. Necesitamos orar así y luego estar atentos a la voz de Dios, porque Él quiere dirigirnos.

Esto fue lo que sucedió con Gedeón. Si uno considera fríamente esta parte de su historia, podría considerarlo un poco incrédulo o desconfiado, pero, ¿sería así?

> *Así lo hizo Dios aquella noche. Sólo el vellón quedó seco, mientras que todo el suelo estaba cubierto de rocío.*
>
> *Pero todos los madianitas y amalecitas y los del oriente se juntaron a una, y pasando acamparon en el valle de Jezreel.*
>
> *Entonces el Espíritu de Jehová vino sobre Gedeón, y cuando éste tocó el cuerno, los abiezeritas se reunieron con él. Y envió mensajeros por todo Manasés, y ellos también se juntaron con él; asimismo envió mensajeros a Aser, a Zabulón y a Neftalí, los cuales salieron a encontrarles.*
>
> *Y Gedeón dijo a Dios:*

Si has de salvar a Israel por mi mano, como has dicho, he aquí que yo pondré un vellón de lana en la era; y si el rocío estuviere en el vellón solamente, quedando seca toda la otra tierra, entonces entenderé que salvarás a Israel por mi mano, como lo has dicho.

Y aconteció así, pues cuando se levantó de mañana, exprimió el vellón y sacó de él el rocío, un tazón lleno de agua.

Mas Gedeón dijo a Dios:

No se encienda tu ira contra mí, si aún hablare esta vez; solamente probaré ahora otra vez con el vellón. Te ruego que solamente el vellón quede seco, y el rocío sobre la tierra.

Y aquella noche lo hizo Dios así; sólo el vellón quedó seco, y en toda la tierra hubo rocío. (Jueces 6:33 – 40)

Gedeón no fue un incrédulo. Fue una persona como tú y yo, con una fe que necesitó confirmaciones en cuanto a lo que Dios quería hacer.

Dios lo había invitado a participar en su plan para responder a la oración desesperada de los israelitas y librarlos de la opresión de sus enemigos. En respuesta, luego de asegurarse de que Dios le estaba hablando, tomó algunas decisiones arriesgadas: derribó los altares paganos de su pueblo, y cuando los ejércitos enemigos se aliaron para invadir la región convocó a todos los que pudo para que se unieran a él para enfrentarlos.

Pero Gedeón era una persona como tú y yo. Estaba por entregarse a la conquista de un desafío inmenso para él, uno para el que no se sentía preparado ni suficiente. Cuando los israelitas empezaron a responder a su convocatoria para pelear aquella guerra, parece haber dudado de que aquello fuera verdaderamente la voluntad de Dios.

¿Qué hubiera ocurrido si estaba equivocado? ¡Hubiera sido un desastre para él, su familia, su pueblo y su nación! Aquello podría haber terminado en el exterminio de Israel como nación.

Gedeón sintió la necesidad de asegurarse de estar contando con el respaldo de Dios. Quiso confirmar que estaba haciendo su voluntad.

Lo que le propuso a Dios suena como algo que pensó con cuidado. Parece como si se hubiera preguntado qué cosa imposible podía pedirle a Dios que hiciera para confirmarle su apoyo.

Entonces oró a Dios hablándole del vellón de lana.

Gedeón conocía el clima de su tierra. Se habría criado viendo cientos de veces el rocío cubriendo el piso y todo lo que estuviera en él al levantarse por la mañana. Sabía que lo que le estaba proponiendo a Dios era imposible. Si caía rocío, mojaría todo, no solamente el vellón.

Aquella mañana se habrá levantado ansioso por ver el resultado. Yo no hubiera dormido preguntándome si Dios manifestaría así su voluntad. Cuando se levantó debe haber corrido a ver el vellón que intencionalmente había dejado extendido bajo el cielo nocturno.

Estaba empapado. No estaba solamente húmedo. Tuvo que exprimirlo para quitarle el agua. Pero el terreno alrededor estaba completamente seco.

Pero entonces su fe tropezó una vez más. Así como la nuestra, tantas veces. ¿Qué tal si aquello fue nada más que una coincidencia? ¿Y si alguien hubiera pasado aquella noche por allí cargando con un balde de agua y se hubiera tropezado mojando el vellón?

Así que le pidió a Dios que le confirmara – una vez más – su respaldo haciendo algo todavía más imposible que lo anterior. El vellón volvería a estar allí, bajo el cielo nocturno. Lo que pedía ahora era que el suelo amaneciera húmedo pero el vellón permaneciera seco.

Y así sucedió.

¿Encuentras en este pasaje alguna reprensión a Gedeón por su incredulidad? No, no la hay. Lo único que hay es la manifestación de la paciencia de Dios para tratar con su hijo y alimentar su fe.

Eso es justamente lo que Dios quiere hacer contigo.

Dios te creó. Te aseguro que sabe tratar con los seres humanos como nosotros, expuestos a la confusión, necesitados de una confirmación de su voluntad que alimente nuestra fe para que podamos andar en su voluntad.

Lo importante es esto: Gedeón quería hacer la voluntad de Dios.

No quería dejarse llevar por el entusiasmo de sus familiares o amigos, no se conformaba con los consejos de los que lo rodeaban. Quería estar seguro de estar haciendo la voluntad de Dios y contar con su respaldo.

¿Tú también quieres hacer la voluntad de Dios?

Puedes hacer como Gedeón ahora mismo. Pídele a Dios que te revele qué hacer. Pídele a Dios que hable a tu corazón, que sea la poderosa influencia que renueve tus pensamientos y te conduzca en el sentido de la voluntad de Dios.

Hoy mismo, a tu alrededor, Dios está haciendo algo. Tal vez no esté a punto de liberar militarmente a tu pueblo de la opresión de los enemigos, pero te aseguro que Dios está haciendo algo a tu alrededor, y quiere que tú participes de sus poderosos planes.

Claro que las obras de Dios son grandes, conforme a la grandeza de su poder y sus recursos. Las obras de Dios no son proyectos que puedan ser realizados con nuestros limitados recursos humanos. Es por eso que necesitamos fe para vivir haciendo su voluntad.

Deja que Dios renueve tus pensamientos.

> *No os conforméis a este siglo, sino transformaos por medio de la renovación de vuestro entendimiento, para que comprobéis cuál sea la buena voluntad de Dios, agradable y perfecta.* (Romanos 12:2)

Las ovejas de Jesús reconocen su voz, y él prometió que no andarían a oscuras.

Si no estás del todo seguro, busca a Dios y pídele su confirmación. Él se deleita en los que de verdad quieren andar en sus caminos y llevar a cabo sus planes.

Así como Dios le confirmó a Gedeón su respaldo y su voluntad, así también lo hará contigo. No tengo dudas de que lo hará.

Ya deja de leer. Ponte a orar, y deja que Dios dirija tus pasos.

LO IMPOSIBLE COMO PARTE DE TU VIDA

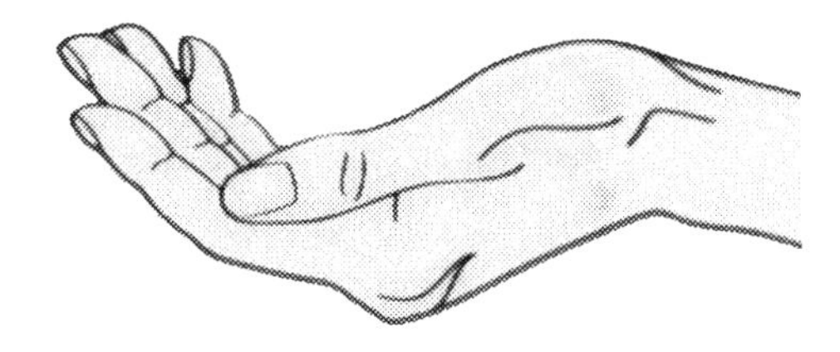

Allí donde estás, no estás solo. No, aparte de quienes puedan estar a tu alrededor materialmente, hay más. Lo sientas o no, existe un mundo espiritual que va más allá de nuestros sentidos pero que es absolutamente real.

Y créeme: no estás solo.

Los que hemos creído en Jesús contamos como seguras sus promesas. Le hemos creído a Dios cuando nos dijo que no nos iba a dejar en ningún momento. Así que si tú también eres uno de los discípulos de Jesús, debes saber que la presencia de Dios está contigo, ahora mismo, donde estás. La mirada de Dios está sobre ti, conociendo cada detalle de tu vida, atenta a tus movimientos, tus sentimientos, tus pensamientos, cada uno de tus pasos.

Y Dios está haciendo algo.

Sí, Dios no está *inactivo*. El mismo Dios que prometió estar contigo sin dejarte ni desampararte está haciendo algo, algo que afecta tu vida y las vidas de otros a tu alrededor.

Claro que lo que Dios hace es grande, bien grande, conforme a su grandeza. Las obras de Dios no son como los emprendimientos humanos, limitados por nuestros recursos y nuestras capacidades.

Dios está haciendo algo bien grande. Dios está empeñado en salvar a los que están siendo robados, matados y destruidos por el diablo.

El proyecto de Dios es inmenso, poderoso, de gran alcance.

Creo que el hecho de que Dios esté haciendo algo grande y poderoso no es algo que nos sorprenda mucho. Fíjate lo que hizo en seis días cuando creó todo lo que vemos. Así que no es de sorprenderse que Dios esté haciendo algo bien grande.

Lo que sí es sorprendente es que Dios, al hacer esa obra tan grande que está llevando a cabo quiera ponerte a trabajar junto a Él.

A ver, si quieres vuelve a leer lo que acabo de escribir. Porque esto es *realmente* lo que está ocurriendo. Dios quiere hacerte *a ti* – sí, a ti – parte de su proyecto, quiere integrarte a su equipo de trabajo, quiere contar contigo para hacer su obra.

Sí, yo pensé lo mismo que tú; tú, yo y muchos otros: "¿Quién? ¿Yo? Es una broma, ¿verdad? ¿Acaso Dios no me conoce? ¿No sabe cómo soy?".

A veces nos cuesta entender esta realidad. Porque, a decir verdad, ¿se trata que Dios no pueda hacer su obra sin nosotros?

> ¿No puede Dios hacer su obra sin mis ofrendas, mi tiempo o mis obras?
>
> ¿No puede Dios hacer lo que quiere hacer sin mi participación?
>
> ¿No puede Dios llevar a cabo su plan sin contar conmigo?

Creo que conoces muy bien las respuestas a estas preguntas. Dios sí puede hacer su obra sin ti. Pero ha elegido hacerla contigo. Para eso te creó.

Al mismo tiempo, Dios quiere que quede perfectamente claro que la obra que se hará es suya, completamente suya, obra de Dios y no de hombres, y lo hace por nuestro propio bien.

Piensa en eso al considerar esta parte de la historia de Gedeón.

> *Levantándose, pues, de mañana Jerobaal, el cual es Gedeón, y todo el pueblo que estaba con él, acamparon junto a la fuente de Harod; y tenía el campamento de los madianitas al norte, más allá del collado de More, en el valle.*
>
> *Y Jehová dijo a Gedeón:*
>
> *El pueblo que está contigo es mucho para que yo entregue a los madianitas en su mano, no sea que se alabe Israel contra mí, diciendo: Mi mano me ha salvado. Ahora, pues, haz pregonar en oídos del pueblo, diciendo: Quien tema y se estremezca, madrugue y devuélvase desde el monte de Galaad.*
>
> *Y se devolvieron de los del pueblo veintidós mil, y quedaron diez mil.*
>
> *Y Jehová dijo a Gedeón:*
>
> *Aún es mucho el pueblo; llévalos a las aguas, y allí te los probaré; y del que yo te diga: Vaya éste contigo, irá contigo; mas de cualquiera que yo te diga: Este no vaya contigo, el tal no irá.*
>
> *Entonces llevó el pueblo a las aguas; y Jehová dijo a Gedeón:*
>
> *Cualquiera que lamiere las aguas con su lengua como lame el perro, a aquél pondrás aparte; asimismo a cualquiera que se doblare sobre sus rodillas para beber.*
>
> *Y fue el número de los que lamieron llevando el agua con la mano a su boca, trescientos hombres; y todo el resto del pueblo se dobló sobre sus rodillas para beber las aguas.*

Entonces Jehová dijo a Gedeón:

Con estos trescientos hombres que lamieron el agua os salvaré, y entregaré a los madianitas en tus manos; y váyase toda la demás gente cada uno a su lugar.

Y habiendo tomado provisiones para el pueblo, y sus trompetas, envió a todos los israelitas cada uno a su tienda, y retuvo a aquellos trescientos hombres; y tenía el campamento de Madián abajo en el valle. (Jueces 7:1 – 8)

¿Sabes cómo se llama para nosotros el tamaño de las obras que Dios quiere hacer? Se llama *imposible.* Desde nuestro punto de vista humano y conforme a lo que nosotros somos capaces de hacer, la obra de Dios es *imposible.* Imposible para nosotros, pero no imposible para Dios.

A eso se estaba enfrentando Gedeón en aquel tiempo. Había tenido un encuentro con Dios, y en ese encuentro Dios le había revelado que estaba por hacer algo que hasta ese momento para Gedeón era radicalmente imposible. Dios había descendido para responder a las oraciones de sus hijos y venía a liberar a su pueblo de la opresión de sus enemigos.

La parte interesante era que quería que Gedeón participara de esa obra. Una vez más, ¿podía hacerlo sin Gedeón? ¡Claro que sí! Pero eligió hacerlo con él, decidió integrarlo a su plantel y darle participación en lo que estaba a punto de hacer.

De la misma manera, Dios quiere trabajar contigo, en ti y a través de ti en este tiempo. Porque también en el día de hoy, así como en el tiempo de Gedeón, Dios está haciendo algo grande, y quiere que tú participes en su obra. Aunque su obra sea imposible para ti.

Dios no solamente *puede* hacer lo imposible. *Elige* hacer lo imposible.

¿Para qué? Para que sea absolutamente evidente que fue Él quién lo hizo. Dios no quiere compartir su gloria con nadie, y quiere ser conocido.

Si tuvieras la oportunidad de elegir entre conformarte con los resultados de lo que tú puedes hacer de acuerdo a tus capacidades y recursos personales o experimentar la manifestación y los resultados del poder de Dios en tu vida y tus circunstancias (como sucedió en aquella pesca milagrosa, **Lucas 5:1 – 11**), ¿qué preferirías?

Analicemos la situación en que se encontraba Gedeón. ¿Qué te impacta de este pasaje? (Te animo a que lo pienses tú mismo antes de que yo te cuente lo que me impacta a mí).

Gedeón había recibido la confirmación de que Dios lo estaba llamando a participar de su obra para la liberación de Israel de la opresión de sus enemigos. Entonces hace una convocatoria a sus vecinos y conciudadanos y empiezan a llegar para participar de la resistencia contra los opresores. Es así que se reúne un ejército de treinta y dos mil soldados.

Nada mal, ¿no te parece? Si yo hubiera sido Gedeón ya estaría considerando que aquella respuesta a la convocatoria *ya era la respuesta de Dios*. ¡Claro que sí! ¿Quién dijo que no había un ejército? ¿Quién dijo que no había espíritu de lucha en contra de la opresión? Gedeón bien podría haberse sentido gratamente sorprendido por su poder de convocatoria.

Gedeón sí, pero Dios no.

Permíteme compartirte cuáles son las palabras que me impactan de este pasaje:

> *Y Jehová dijo a Gedeón:*
>
> *El pueblo que está contigo es mucho para que yo entregue a los madianitas en su mano, no sea que se alabe Israel contra mí, diciendo: Mi mano me ha salvado.*

Dios veía lo que estaba pasando, y había considerado la cantidad de gente que se había reunido para la batalla, y tenía una perspectiva diferente a la que podía tener Gedeón, cualquiera de los reunidos o tú y yo.

Porque, ponte a pensar, *¿demasiada gente*? El relato anterior deja claro que el ejército de los enemigos era innumerable. ¿No nos dice la lógica que cuántos más haya para enfrentarlos es mejor?

Sí, la lógica, la lógica humana. Pero aquí estamos tratando con Dios.

Dios no estaba dirigiendo a Gedeón en un programa de recuperación de la estimación propia, sugiriéndole frases alentadoras como "Tú puedes", "Sigue adelante y lo lograrás". Dios estaba llevando a Gedeón a conocerle. No le estaba *informando* a Gedeón como era Él ("Mira, Gedeón, tienes que saber que yo soy grande, poderoso, lleno de autoridad, y que tengo dominio sobre todas las cosas"). Dios quería que Gedeón y todos alrededor (y de hecho muchos más, hasta nosotros el día de hoy) le conocieran en persona, por experiencia.

Dios no se esconde. Quiere ser conocido, quiere que tú le conozcas, y por eso te invita a participar de su obra, para que sepas quién es, como es, no solo teóricamente sino en la práctica.

Sea cuál sea la situación que estás enfrentando en este tiempo, tienes que saber esto: si has depositado tu fe en Jesús, te has hecho acreedor a todas las poderosas promesas de Dios, y Él es fiel a sus promesas. Dios quiere que le conozcas y se va a manifestar en medio de las circunstancias que estás enfrentando. Por más difícil que se vea la situación, tienes que saber que Dios quiere obrar más allá de lo imposible, en tu vida y por medio de ti.

Acerca de este Dios, el Dios de Gedeón, el que envió a Jesús a morir en nuestro lugar para salvarnos, le dijo el ángel Gabriel a María:

> *...porque nada hay imposible para Dios.* (Lucas 1:37)

Dios mismo se presentó ante Jeremías hace muchos años y le dijo:

> *He aquí que yo soy Jehová, Dios de toda carne; ¿habrá algo que sea difícil para mí?* (Jeremías 32:27)

Necesitas entender esto: Dios se deleita en que le conozcas – en la práctica, por experiencia – como el Todopoderoso, Aquel para quién nada es imposible.

Ahora, ¿te has dado cuenta lo que Dios está enfatizando en su trato con Gedeón al minimizar su ejército?

> *El pueblo que está contigo es mucho para que* ***yo entregue*** *a los madianitas en su mano...*
>
> *Con estos trescientos hombres que lamieron el agua* ***os salvaré, y entregaré...***

Dios estaba dejando bien claro que la obra que estaban a punto de ver, y en la que iban a participar, era *SU* obra.

Esto me recuerda las palabras de Salmos 46.

> *Estad quietos, y conoced que yo soy Dios; Seré exaltado entre las naciones; enaltecido seré en la tierra.* (Salmos 46:10)

Dios nos llama a reconocer que *Él es Dios*, no nosotros. No sabemos, no podemos y no tenemos que procurar ocupar su lugar. Solamente Él es Dios.

Por iniciativa de Dios, el ejército con el que contaba Gedeón pasó de contar con treinta y dos mil soldados a estar compuesto por trescientos audaces.

Suenan en mi mente las palabras de Andrés cuando Jesús estaba a punto de multiplicar los cinco panes y dos peces entre una multitud de miles:

> *...mas ¿qué es esto para tantos?* (Juan 6:9).

Lo mismo pasaba con el esmirriado ejército que quedó a cargo de Gedeón. No era suficiente, hablando en términos humanos, para enfrentar la inmensa multitud que se les oponía y que estaba acampada no muy lejos de allí.

Presta atención a esto, porque Dios obra así también en tu vida.

Dios te está llevando a operar al mínimo de tus recursos para que le conozcas, para que veas la grandeza de su poder y que reconozcas que su obra es solamente suya. Y el hecho de que tú participes en ella es un privilegio que Él te ha concedido.

¿Tú también te has dado cuenta de que aquí no aparece ninguna queja de Gedeón cuando Dios lo dirige a reducir su ejército? Gedeón está en silencio. Se guarda sus palabras y sus opiniones y simplemente obedece. ¿Entendía Gedeón lo que Dios estaba haciendo y por qué lo hacía así? No creo que lo entendiera completamente.

Pero déjame decirte que este Gedeón al que a veces hemos juzgado como incrédulo por pedirle a Dios que le confirmara su voluntad y su respaldo cuenta con todo mi respeto y es un modelo de fe para mí. Espero que lo sea también para ti.

Este es aquel hombre que se escondía de sus enemigos, tratando de rescatar algo para comer. Es el mismo que cuestionó que Dios estuviera con él o con su pueblo, dada la situación en la que se encontraban.

Sin embargo, aquí lo tienes. Cuando Dios le ordenó que enviara veintidós mil de regreso a sus hogares, lo hizo sin chistar. Cuando Dios le propuso que se deshiciera de nueve mil setecientos más, simplemente obedeció. Y se dispuso a enfrentar un ejército muy numeroso con un puñado de hombres.

Espero que ya te vaya quedando claro el mensaje que Dios quiere transmitirte por medio de esta vieja historia. No importa lo poco que tengas. No importa lo que te falte. No importa si lo que tienes es insuficiente como para enfrentar el desafío que tienes por delante. Si Dios está contigo, ninguna de esas "imposibilidades" será una limitación para lo que Dios está haciendo y va a hacer en tu vida.

Considéralo así:

1. ¿Qué es lo que Dios quiere que hagas?
    a. Se verá difícil, tal vez MUY difícil. Si quieres usa la palabra: *imposible*, si no fuera porque Dios lo está haciendo.
    b. Tienes el privilegio de que Dios te haya invitado a participar en su obra. Esa obra de Dios puede ser el fortalecimiento de tu matrimonio para que como pareja sean un testimonio para muchos. Puede ser tu fortaleza en medio de la enfermedad. Puede ser un desafío económico cuando no tienes y no se te ocurre de dónde conseguir lo que hace falta. Pero Dios te invitó a participar en *su obra*. Él es Dios y será quien fortalezca la pareja, quién provea la fortaleza,

quién haga los milagros que sean necesarios para que llegado el momento haya para cubrir los gastos. Dios es el que va a traer salvación a otros por medio de ti, aunque te parezca difícil.

c. Tienes el privilegio de confiar en Él y en sus promesas.

2. ¿Qué tienes para lograrlo?
   a. Tienes recursos, ideas, tiempo, conceptos, planes.
   b. Ahora, olvídate de tus ideas, tus planes. Deja que Dios sea Dios. Entrégale todo lo que tienes y ponte en sus manos. De Dios sí puedes depender.
   c. Tu trabajo es creer en Él. Búscalo, con intensidad. Dios te está hablando; escucha su voz. Confía y obedece. Él sabe lo que está haciendo, aunque tú no lo comprendas ahora.

3. ¿A qué te está pidiendo Dios que renuncies (tus recursos, tus fortalezas) para conocer su poder y su gracia?
   La respuesta a esa pregunta tiene que ser tuya.
   a. Dios quiere hacer algo en tu vida, algo en lo que tendrás que reconocer que solamente Él pudo hacerlo.
   b. El conocimiento de Dios es mucho más que una tarea intelectual. Dios quiere que lo conozcas por experiencia.
   c. Dios quiere intervenir, participar, mostrarte su presencia, su amor y su poder en las circunstancias que te rodean.
   d. Lo que Dios va a hacer va a afectar profundamente no solamente tu vida sino las de muchos más.

No te asustes por lo poco que tienes y el tamaño del desafío. Dios sabe lo que está haciendo.

Confía.

Que la confianza que llenó el corazón de Gedeón llene también el tuyo.

DIOS QUIERE AUMENTAR TU FE

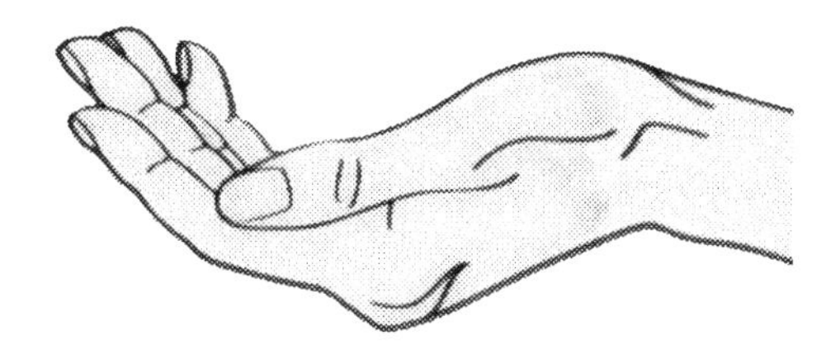

¿Qué es lo que Dios está haciendo tu vida en este tiempo?

¿Puedes percibir la mano de Dios operando en tu vida?

Esto es algo que a veces se nos puede pasar por alto. Hoy mismo, Dios quiere llamar tu atención para hacerte notar que Él está obrando en tu vida y a tu alrededor. Piénsalo seriamente, medita en las cosas que han estado ocurriendo, tus relaciones, lo que has sentido, las cosas que te han impactado de alguna manera. Dios está obrando. Dios está presente en eso que te está sucediendo.

Dios conoce nuestro corazón, hasta lo más profundo. Quiere que vivamos en su voluntad. ¡Y eso es, justamente, lo que más nos conviene! ¡Con cuánta frecuencia nos equivocamos pensando que nos beneficiamos al seguir el curso de nuestros propios planes, en los que no lo consideramos a Dios! ¡Ese es un terrible engaño!

Sin embargo. Dios es paciente, y allí está, junto a ti, dándote una nueva oportunidad para decidir por su voluntad en lugar de la tuya.

Hay algo que también nos tiene que quedar claro: vivir en la voluntad de Dios implica vivir por la fe.

La fe es el ingrediente perdido en nuestra vida. Por alguna razón nos parece bien vivir conforme a nuestro propio razonamiento (influido por los demás, por los medios de comunicación, por el mundo en general). Pero hoy Dios quiere volver a llamarnos a vivir con Él, conforme a su voluntad, apoyados en la fe en Él.

Sí, es un gran desafío.

¿Por qué? Porque las obras que Dios hace – las que hizo, las que está haciendo y las que hará – son grandes. No representan un desafío para Él, pero para nosotros son imposibles. Sin embargo, Él nos dirige a participar en sus obras para que le conozcamos, para que experimentemos lo que va más allá de nuestras capacidades y recursos, porque nos creó para vivir en una estrecha relación con Él.

¿No fue esto lo que les sucedió a los grandes personajes de la Biblia?

- Dios se reveló a Moisés cuando estuvo a punto de responder las oraciones de su pueblo para liberarlos de la esclavitud en Egipto. La obra a ser realizada era inmensa, absolutamente imposible para cualquier persona. Pero Dios utilizó a Moisés, un simple mortal como tú y yo, quién pudo experimentar una y otra vez la poderosa mano de Dios moviéndose en su vida y a su alrededor.
- Dios se manifestó al profeta Elías cuando quiso demostrarle al pueblo de Israel que Él era el Dios verdadero. El pueblo estaba siendo confundido y seducido por el paganismo, y eran muchos los que estaban dudando entre Dios y las deidades paganas de los pueblos de alrededor. ¿Qué utilizó Dios en la vida de Elías para convencer al pueblo? ¿Le dio palabras bonitas y argumentos convincentes para ganar una discusión? No. Dios hizo descender fuego del cielo para demostrar que Él era el Dios verdadero, y lo hizo en respuesta a una sencilla oración de Elías. ¿Te imaginas que Dios haga descender fuego

del cielo en respuesta a una de **tus** oraciones? Eso fue lo que hizo, y tanto Elías como muchos reconocieron al verdadero Dios.

- Cuando Dios quiso cumplir con su promesa de entregarle la Tierra Prometida al pueblo de Israel también se asoció con un hombre, Josué. El de Israel no era el ejército más poderoso del planeta, al contrario, estaba muy distante de eso. Josué y el pueblo vieron una y otra vez los milagros de Dios mientras vivían el cumplimiento de sus promesas, conociendo así al Dios verdadero, poderoso, que ama a su pueblo. El desafío era de proporciones divinas, y Dios usó a aquel humilde ser humano para superarlo.
- Cuando Dios quiso revelarle el camino de salvación a muchos, se manifestó claramente y comisionó a un puñado de hombres y mujeres sin mucha preparación y sin recursos. ¿La tarea? Ser testigos de la resurrección de su Hijo y llevar el mensaje de salvación tan lejos como les fuera posible. ¿El resultado? Muchos siglos después tú eres uno de los millones de personas que está recibiendo algo de Jesús y siendo tocado por la presencia, la gracia y el poder del que nos ha querido salvar. Desde cualquier punto de vista aquella era una misión imposible para aquel humilde grupo de personas, pero ellos y todos los que vinieron después experimentaron el poder y la gracia de Dios obrando en sus vidas y a su alrededor.

Y ahora es tu turno. Ahora llegó el momento de que tú experimentes lo que Dios está haciendo, porque Él sigue obrando hasta el día de hoy.

Dios quiere que le conozcas, que camines con Él, que lo veas obrando en tu vida. Es por eso que te recuerdo la pregunta del comienzo:

¿Qué está Dios está haciendo en tu vida en este tiempo?

Presta atención, porque Dios está obrando, en ti y a tu alrededor.

Claro que para emprender la obra de Dios, para asociarte con Él y participar en lo que está haciendo, hace falta fe.

A veces pensamos que "ese tipo de fe" está reservada para unos pocos, para una escasa elite de llamados y elevados que logran una cercanía con Dios fuera de lo común. Lo que Dios quiere que entiendas es que "ese tipo de fe" es la que Él quiere que tú tengas.

Dios quiere alimentar tu fe.

Dios quiere darte todo lo que necesitas para creer, para confiar en su presencia y su poder, para que puedas emprender los desafíos de fe que está poniendo delante de ti.

Cualquiera de nosotros puede decir que no es nadie, que es una persona llena de limitaciones y debilidades. Eso mismo hizo Moisés, y lo repitió Gedeón.

Pero Dios insiste, y quiere alentarnos a participar de su obra.

Considera lo que sucedió con Gedeón y su reducido ejército (¿se le puede llamar así?) luego de que Dios redujera su número hasta que fueron nada más que trescientos.

> *Aconteció que aquella noche Jehová le dijo:*
>
> *Levántate, y desciende al campamento; porque yo lo he entregado en tus manos. Y si tienes temor de descender, baja tú con Fura tu criado al campamento, y oirás lo que hablan; y entonces tus manos se esforzarán, y descenderás al campamento.*
>
> *Y él descendió con Fura su criado hasta los puestos avanzados de la gente armada que estaba en el campamento. Y los madianitas, los amalecitas y los hijos del oriente estaban tendidos en el valle como langostas en multitud, y sus camellos eran innumerables como la arena que está a la ribera del mar en multitud.*
>
> *Cuando llegó Gedeón, he aquí que un hombre estaba contando a su compañero un sueño, diciendo:*
>
> *He aquí yo soñé un sueño: Veía un pan de cebada que rodaba hasta el campamento de Madián, y llegó a la tienda, y la*

> *golpeó de tal manera que cayó, y la trastornó de arriba abajo, y la tienda cayó.*
>
> *Y su compañero respondió y dijo:*
>
> *Esto no es otra cosa sino la espada de Gedeón hijo de Joás, varón de Israel. Dios ha entregado en sus manos a los madianitas con todo el campamento.*
>
> *Cuando Gedeón oyó el relato del sueño y su interpretación, adoró; y vuelto al campamento de Israel, dijo:*
>
> *Levantaos, porque Jehová ha entregado el campamento de Madián en vuestras manos.* (Jueces 7:9 – 15)

Lo primero que quisiera que notes en este relato es que Dios deja bien claro que es *Él* quien está haciendo algo. No le está pidiendo a Gedeón que haga la obra que no puede hacer. Dios está a punto de obrar y solo le pide a Gedeón que esté allí, que lo acompañe:

> *...porque* ***yo*** *lo he entregado en tus manos.*

¿Quién lo va a hacer? ¿Quién va a liberar al pueblo de Israel de sus opresores? ¿Dios le está pidiendo a Gedeón que lo haga? ¡No! Dios deja claro, en todo momento que es Él quien está haciendo la obra.

De la misma manera Dios quiere obrar en tu vida. Lo que Dios está haciendo en ti y a tu alrededor es inmenso, imposible de realizar con tus recursos o posibilidades. Es algo que solamente Dios puede hacer y que perfectamente podría hacer sin tu intervención. Pero Dios ha querido obrar en ti y por medio de ti. Te está dando la oportunidad de conocer su poder, su gracia, su amor, su autoridad.

Dios está haciendo algo en tu familia, algo que va más allá de lo que tú podrías hacer. Dios está obrando en las vidas y las familias de las personas con las que trabajas. Dios está obrando en tu comunidad. Quiere salvar, perdonar, restaurar, mostrar su amor y su gracia. Es una obra demasiado grande para ti. Lo que Dios está haciendo está a su nivel. Pero Dios está tratando contigo y quiere utilizarte para hacer su obra.

¿Vas a argumentar que eres débil, inadecuado o que no cuentas con los recursos necesarios? ¿Te crees que Dios no lo sabe?

¿Piensas que Dios no sabía que Gedeón no tenía lo necesario para derrotar aquel inmenso ejército que venía contra ellos?

Dios sabe lo pequeños que somos. Conoce nuestra pobreza, nuestra debilidad y nuestra ignorancia. Pero ha elegido obrar en nosotros y a través de nosotros.

Así que **Dios quiere que vivas por la fe**. Quiere que confíes en Él aún cuando no entiendas lo que está haciendo. Tienes que confiar en que Él sabe lo que está haciendo, y Él mismo quiere alimentar tu fe, darte la capacidad de confiar en Él de esa manera.

Fue eso lo que hizo en la vida de Gedeón. En Jueces capítulo ocho nos enteramos de que el ejército de los madianitas era de ciento treinta y cinco mil soldados. ¿Contra *trescientos*? Sí que suena ridículo. Por supuesto que es imposible en términos humanos, pero no para Dios.

En tu vida pueden surgir desafíos que suenen igual de ridículos que el que enfrentó Gedeón. El mismo Dios que tocó la vida de Gedeón y lo llamó para participar en la liberación de su pueblo, está obrando ahora mismo en tu vida. Lo que está haciendo Dios hoy es también así de grande como lo que estaba haciendo en el tiempo de Job.

¿Qué hace falta de tu parte?

A Gedeón le hizo falta fe, y valor para enfrentar semejante situación. A ti te hace falta lo mismo.

Pero, ¿cómo hace uno para tener semejante fe?

Dios quiere alimentar tu fe, así como alimentó la fe de Gedeón.

Porque, ¿cómo hizo Gedeón para tener aquella fe, esa confianza que le permitió ir con trescientos a una batalla contra ciento treinta y cinco mil?

Dios se la dio. La fe nunca deja de ser un regalo de Dios.

Observa de qué manera Dios alimentó la fe de Gedeón. Dios conocía su corazón, así como conoce el tuyo.

Y si tienes temor de descender...

Dios sabía perfectamente lo que estaba sintiendo Gedeón. Si yo hubiera estado en su lugar también hubiera estado temblando. Aquello podría haber sido el fin para Gedeón y sus hombres.

Por eso Dios quiso alentar a Gedeón, quiso llenar su corazón de la confianza necesaria para enfrentar el desafío. Dios quiere hacer lo mismo contigo.

¿Cómo hizo Dios para fortalecer la fe de Gedeón?

Lo envió a espiar el campamento de los madianitas. Lo mandó a escuchar lo que hablaban los enemigos.

Considera con atención lo que sucedió con Gedeón en aquel momento, porque Dios va a obrar de maneras similares en tu vida.

Gedeón, aceptando el ofrecimiento de Dios para ayudarlo a superar su temor, fue hasta el campamento de sus enemigos tal como Dios le dijo. El ejército de los madianitas y sus aliados estaba compuesto por ciento treinta y cinco mil hombres armados, así que imagínate cómo se habrán sentido Gedeón y Fura al contemplar aquel campamento y compararlo con el propio, que acababan de dejar atrás.

Hay una frase en el relato que encuentro muy reveladora.

> *Cuando llegó Gedeón, he aquí que un hombre estaba contando a su compañero un sueño...*

¿Sabes cómo le llamamos nosotros a este tipo de situación? Le llamamos *coincidencia*, o tal vez *casualidad*.

Es decir, Gedeón llegó *justo* en aquel momento.

Pudo haber llegado cuando...

- ...los soldados enemigos hacían ejercicios bélicos con sus armas.
- ...los mismos vecinos de carpa conversaban haciendo alarde de todos los enemigos a los que habían derrotado o lo que les habían hecho.
- ...los guardias se reían a carcajadas burlándose de la debilidad de Gedeón y su ejército.

Podían haber llegado en cualquier otro momento. Pero no, llegaron *justamente, coincidentemente* (¡qué *casualidad*!), en el momento en que los hombres interpretaban el sueño de uno de ellos anticipando que su propio ejército sería derrotado por el pequeño puñado de hombres dirigidos por Gedeón.

¿Fue casualidad? ¿Aquello fue mera coincidencia?

Supongo que respondiste que no. Gedeón tampoco lo interpretó como una mera coincidencia.

> *Cuando Gedeón oyó el relato del sueño y su interpretación, adoró...*

¿Has pasado por algún momento o alguna situación en la que has tenido que reconocer sin lugar a dudas que Dios estaba obrando? Aquello fue lo que le sucedió a Gedeón. Llegó *"casualmente"* en el momento en que decían algo que le incumbía y mucho, y no pudo evitar reconocer que Dios estaba allí, que Dios le estaba hablando, que le estaba confirmando su intervención en aquella situación, que estaba alimentando su fe y dándole el valor para enfrentar lo que viniera, aunque todavía no tenía bien claro lo que sería.

Cuando caminas en la voluntad de Dios, cuando vives en una relación auténtica y cotidiana con Él, te suceden cosas como estas. Algunos las podrían llamar coincidencias, casualidades, "cosas del destino". Los que creemos en Jesús reconocemos la intervención amorosa y poderosa de nuestro Padre celestial para tocar nuestro corazón, edificar nuestra alma y aumentar nuestra fe.

Por favor, deja de considerar como casualidades las cosas que te ocurren. Empieza a ver a Dios y lo que está haciendo justamente allí donde tú estás, donde te puso, en las relaciones que te ha dado y en los eventos que se producen en tu vida y a tu alrededor.

Podría reafirmar este concepto utilizando la historia de vida de cualquier otro de los personajes bíblicos. Esta intervención de Dios en la vida de las personas es algo recurrente, que no solamente sucedió en la vida de Gedeón, sino que ha ocurrido y ocurre en las vidas de millones de personas hasta el día de hoy.

Hace muchos años había una pareja que se había comprometido para contraer matrimonio. Pero se produjeron una serie de eventos que transformaron sus planes en algo completamente diferente a lo que se habían imaginado. Él se llamaba José, ella se llamaba María.

Sus vidas parecían transcurrir normalmente, y tenían sus planes, cada uno de ellos en particular y también planes en común. Pero entonces Dios intervino y lo cambió todo. Así que tuvieron que dejar de vivir "a su manera", de acuerdo a lo planificado, y se les abrió un panorama completamente diferente, absolutamente desafiante, con implicaciones que superaron infinitamente lo que eran capaces de concebir.

María recibió la visita de un ángel que le anunció que sería la madre del Salvador, y que aquello sucedería sin la intervención humana. Se sometió al designio divino y se encontró de un día para otro embarazada sin haber tenido relaciones con su prometido. Todo había cambiado para ella.

Un día José se enteró de que su prometida estaba esperando un bebé, y te imaginas las primeras conclusiones a las que habrá llegado. Se pudo haber sentido traicionado, engañado, tomado por tonto. Pero Dios estaba haciendo algo en medio de toda aquella situación, y lo quiso hacer a José parte de su obra también. Un ángel se le apareció en sueños y lo invitó a creer, lo animó a seguir adelante con sus planes de boda a pesar de que no entendiera claramente lo que estaba ocurriendo. José creyó. José y María se casaron y recorrieron juntos el proceso hacia el nacimiento de aquel bebé milagroso.

¿Fue coincidencia algo de lo que les sucedió?

¿Fue nada más que casualidad que el emperador romano, un líder político que vivía a miles de kilómetros de donde ellos estaban ordenara que se hiciera un censo justamente cuando ella enfrentaba el período final de su embarazo? ¿Fue casualidad que llegaran al pueblo de Belén cuando no había alojamiento disponible? ¿Fue coincidencia que unos humildes pastores estuvieran pastando sus ovejas la noche del nacimiento y recibieran la visita de unos ángeles?

¡No! ¡Cien mil veces no! Nada de aquello fue casualidad. Fue la mano de Dios, presente y poderosa, trazando el diseño de ***su plan***.

El mismo plan que Dios está llevando a cabo hasta el día de hoy, justo allí donde tú estás.

¿No te estás sintiendo invitado a considerar con mucho más cuidado las conversaciones que se dan a tu alrededor? ¿Y si Dios quisiera utilizar una de ellas para alimentar tu fe así como alimentó la de Gedeón?

Dios sigue obrando y sigue llamando. Dios sigue edificando personas de fe.

No puedes ser cristiano y no vivir por la fe.

> *...(porque por fe andamos, no por vista);...* (2 Corintios 5:7)

> *Pero sin fe es imposible agradar a Dios; porque es necesario que el que se acerca a Dios crea que le hay, y que es galardonador de los que le buscan.* (Hebreos 11:6)

> *Porque en el evangelio la justicia de Dios se revela por fe y para fe, como está escrito: Mas el justo por la fe vivirá.* (Romanos 1:17)

Como ya te dije, ahora es tu turno.

¿Vives por la fe?

¿Hasta qué punto le crees a Dios?

No te pregunté *hasta qué punto crees en Dios*, sino *hasta qué punto* ***le crees a Dios***. Dios prometió estar contigo, Dios perdonó tus pecados cuando creíste en Jesús.

Dios quiere meterse todavía más en tu vida. Quiere intervenir haciendo lo que ni siquiera has sido capaz de imaginarte.

Créele a Dios, apóyate en sus promesas y vive obedeciéndole, aunque no siempre entiendas lo que está haciendo ni por qué lo hace. Confía. Él sí sabe los por qué y está haciendo una obra perfecta para la que ha decidido contar contigo.

Confía, y conocerás a Dios como nunca antes lo hubieras conocido.

LA VICTORIA, SEGÚN DIOS

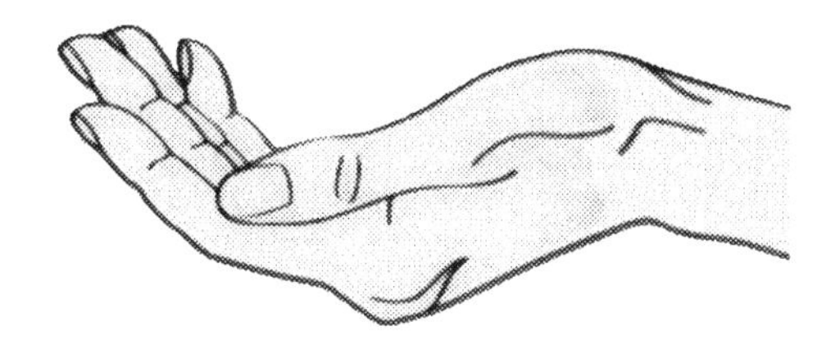

¿Qué tiene que ocurrir para que experimentes una victoria tan impresionante como para que una nueva revelación de Dios impacte profundamente tu vida?

Si hablamos de victoria, estamos hablando de conflicto. No hay victoria sin oposición. Así que, ¿qué obstáculos enfrentas? ¿Qué dificultades tienes por delante? O, tal vez yendo un poco más profundo: ¿Qué obra poderosa quiere hacer Dios en el contexto de tu familia y tu comunidad usándote a ti?

Sé que éstas son preguntas difíciles de responder. Sin embargo, es importante que tú mismo las analices y medites en ellas. Te propongo reflexionar en cuanto a esto porque estoy convencido de que Dios está haciendo algo en tu vida, y a tu alrededor. Los hijos de Dios no estamos de vacaciones durante nuestra vida en la carne. Desde el momento en que nos reconciliamos con Dios por creer en Jesús nos involucramos en la obra de Dios, ajustándonos para vivir en su voluntad.

Hoy en día no hablamos mucho de victorias, sino que se habla de éxito. ¿Qué es lo que describe a las personas exitosas? ¿Cómo se vería el éxito en tu vida? El mundo define el éxito en términos de números: cuánto dinero hay en las cuentas bancarias, la posición en el escalafón de la empresa, el número de seguidores en las redes sociales, y demás. Eso cambia radicalmente cuando una persona cree en Jesús. Una vez que Jesús es tu Salvador y el Dueño de tu vida, y cuando estableces una relación con Dios, el éxito se define de otra manera. Somos discípulos del que no vino para ser servido sino para servir, el que enseñó que el mayor en el Reino de los cielos es el que sirve a los demás. Es por eso que los que seguimos a Jesús tenemos que redefinir la victoria de acuerdo con estos términos.

El discípulo de Jesús experimenta la victoria cuando el poder de Dios resulta más evidente que sus propias acciones. Se involucra, hace, participa, pero lo que hace posible que lo que emprende llegue a buen término es la intervención de Dios. El hijo de Dios llega a experimentar y conocer a su Padre celestial al ver como lo imposible se hace realidad por obra del Poderoso.

¿Quieres experimentar la victoria de esa manera? ¿Te inspira la idea de conocer más y mejor a Dios por medio de su intervención milagrosa y poderosa en tu vida?

Esa es la exacta posición hacia donde Dios te está dirigiendo, porque se deleita en que le conozcas y te alegres en Él. Fue lo que le sucedió a Gedeón cuando se entregó con confianza a la voluntad de Dios y vio materializarse lo imposible ante sus propios ojos. Es lo que creo que Dios tiene preparado también para ti.

> *Y repartiendo los trescientos hombres en tres escuadrones, dio a todos ellos trompetas en sus manos, y cántaros vacíos con teas ardiendo dentro de los cántaros.*
>
> *Y les dijo:*
>
> *Miradme a mí, y haced como hago yo; he aquí que cuando yo llegue al extremo del campamento, haréis vosotros como hago yo. Yo tocaré la trompeta, y todos los que estarán conmigo; y*

vosotros tocaréis entonces las trompetas alrededor de todo el campamento, y diréis: ¡Por Jehová y por Gedeón!

Llegaron, pues, Gedeón y los cien hombres que llevaba consigo, al extremo del campamento, al principio de la guardia de la medianoche, cuando acababan de renovar los centinelas; y tocaron las trompetas, y quebraron los cántaros que llevaban en sus manos. Y los tres escuadrones tocaron las trompetas, y quebrando los cántaros tomaron en la mano izquierda las teas, y en la derecha las trompetas con que tocaban, y gritaron: ¡Por la espada de Jehová y de Gedeón! Y se estuvieron firmes cada uno en su puesto en derredor del campamento; entonces todo el ejército echó a correr dando gritos y huyendo. Y los trescientos tocaban las trompetas; y Jehová puso la espada de cada uno contra su compañero en todo el campamento. Y el ejército huyó hasta Bet-sita, en dirección de Zerera, y hasta la frontera de Abel-mehola en Tabat. (Jueces 7.16–22)

☞ 1. UN LIDERAZGO ARRIESGADO Y DECISIVO.

Permíteme presentarte al nuevo Gedeón. Sí, este Gedeón casi parece ser otra persona, diferente al que conocimos al principio del relato.

Probablemente te haya sucedido alguna vez que te hayas encontrado con una persona que no veías hacía tiempo, y casi tienes que preguntarle: "¿De verdad eres tú?". Hay cambios para bien, y cambios para mal, pero lo cierto es que todos vamos cambiando. Las situaciones y problemas que enfrentamos, las circunstancias, las relaciones y mucho más, todos son factores que promueven nuestra transformación. Pero es algo realmente maravilloso cuando es Dios quien nos cambia.

Cuando te encuentras con Dios cara a cara en Jesucristo, cuando de verdad experimentas el impacto de su presencia y recibes la revelación de su grandeza, su amor, su gracia y su poder, no puedes evitar ser transformado.

> *"Por tanto, nosotros todos, mirando a cara descubierta como en un espejo la gloria del Señor, somos transformados de gloria en gloria en la misma imagen, como por el Espíritu del Señor".* (2 Corintios 3:18)

Al principio del relato, en Jueces 6:15, Gedeón se resiste al llamado del Señor describiéndose a sí mismo:

> *Entonces le respondió: Ah, señor mío, ¿con qué salvaré yo a Israel? He aquí que mi familia es pobre en Manasés, y yo el menor en la casa de mi padre.*

¿Cómo describirías a esta persona? Podemos decir que era inseguro, que no se sentía capaz de enfrentar el desafío que se le presentaba, que no creía que él pudiera hacerlo. Escúchate a ti mismo en sus palabras, porque así te has sentido también tú. No te has sentido a la altura de lo que Dios quiere hacer, y te has excusado sugiriendo que no tienes la preparación necesaria, que no ocupas un cargo importante o que no tienes los recursos que harían falta.

Lo interesante es que la historia no terminó allí, con aquella tímida descripción de Gedeón de sí mismo, porque estuvo dispuesto a considerar lo que Dios le estaba diciendo.

Ese mismo Gedeón, el más insignificante del clan más débil de la tribu de Manasés:

- Se había opuesto abiertamente a la idolatría de su propia familia y comunidad echando abajo y prendiendo fuego a los ídolos que su propio padre había establecido.
- Había convocado a la guerra contra los enemigos, reuniendo a su alrededor un ejército de treinta y dos mil soldados.
- Había tenido el atrevimiento – permíteme, por favor, llamarlo así – de reducir su ejército enviando a casa más del 99% de sus

soldados, quedándose solamente con trescientos hombres para enfrentar un ejército enemigo de ciento treinta y dos mil.

Como si todo eso fuera poco, analiza su comportamiento en este relato:

> *Y repartiendo los trescientos hombres en tres escuadrones, dio a todos ellos trompetas en sus manos, y cántaros vacíos con teas ardiendo dentro de los cántaros.*
>
> *Y les dijo:*
>
> *Miradme a mí, y haced como hago yo; he aquí que cuando yo llegue al extremo del campamento, haréis vosotros como hago yo. Yo tocaré la trompeta, y todos los que estarán conmigo; y vosotros tocaréis entonces las trompetas alrededor de todo el campamento, y diréis: ¡Por Jehová y por Gedeón!*

Allí lo tienes oficiando de general, dándole instrucciones a sus dirigidos. Lo que ves aquí es un hombre decidido, arriesgado, lanzándose a la batalla como quien no tiene nada que perder. "Mírenme, sigan mi ejemplo", les dice. No los envía al peligro mientras permanece en casa, sino que se propone ir delante de ellos, estableciendo el patrón que debían imitar.

¿Entiendes lo que lees? Estás considerando el desempeño de una persona transformada. Pero ¿qué fue lo que transformó a Gedeón? Pregúntatelo, por favor, porque podría ser lo que también puede transformar tu propia vida.

Gedeón fue transformado por Dios. Creo que estamos todos de acuerdo en eso. El hombre tímido que escondía la cosecha mientras lamentaba su mala suerte y la de su familia es ahora un audaz general que actúa como si mil batallas le hubieran enseñado lo que hacer.

a. **Gedeón se había encontrado con Dios.** Hay experiencias que transforman a las personas. Los sicólogos las llaman "experiencias traumáticas", y son esas que dejan un resultado permanente en la vida de quienes las viven. Todo parecía "normal" en la vida de Gedeón, hasta que Dios se cruzó en su camino, cambiándolo todo. De repente, en la propia presencia de Dios, entendió que su perspectiva de la realidad podía estar equivocada, y recibió un llamado de Dios. El Creador lo quería usar para hacer algo impresionante, que iba a afectar las vidas de todos los que lo rodeaban (incluyéndonos). Le costaba creerlo, su transformación no fue inmediata, pero las semillas de la Palabra que Dios sembró en su corazón habían producido una cosecha segura y abundante. ¿No te suena como la parábola de los terrenos que enseñó Jesús? Es que Dios sigue obrando así en aquellos que se encuentran con Él.

b. **La fe de Gedeón se había desarrollado.** Cuando el Ángel del Señor lo visitó, Gedeón creía en Dios, pero también creía que Dios los había abandonado, a él, su familia y su pueblo, y que ya no se repetían los milagros de los que les habían hablado sus mayores. Pero ¿recuerdas lo que pasó? Vivió un proceso por medio del que Dios alimentó su fe, primero confirmándole – a su pedido – que era Él quien le hablaba, y respondiendo claramente a sus insistentes pedidos de confirmación. Finalmente había sido el propio Dios quien había tomado la iniciativa de conducirlo al campamento de sus enemigos para reafirmar su convicción en lo que iba a hacer. La diferencia era muy clara: antes, Gedeón creía pero no confiaba, y ahora se puede decir que no simplemente creía, sino que la seguridad de lo que Dios estaba por hacer llenaba su corazón. Cuando llegó al campo de batalla, a Gedeón lo invadía una confianza contagiosa, capaz de no dudar de que Dios los había llevado hasta allí y les iba a dar la victoria. ¿Entiendes cómo esto se aplica también a tu vida? Creo que todos podemos pasar por esos momentos de lucha espiritual en los que nos podemos llegar a preguntar si realmente Dios está allí para defendernos. ¿Dios nos rechaza por eso? No, tal como lo hizo con Gedeón, se nos revela, nos alienta, nos enseña. Y tampoco nos rechaza cuando dudamos, cuando necesitamos una confirmación porque no estamos seguros (o tres confirmaciones), o cuando no entendemos. El mismo Dios que obró en la vida de Gedeón es el que está obrando en tu vida.

☞ 2. UN EQUIPO CONFIABLE.

Cuando nos referimos a este relato siempre mencionamos a Gedeón. Es lógico que lo hagamos, porque él es el juez que Dios le envió a su pueblo en aquel tiempo, y es el único al que se menciona por su nombre. Pero, ¿has considerado alguna vez a los trescientos valientes que entraron con él al campamento de los ciento treinta y dos mil enemigos armados? ¡Ellos también son héroes!

Creo que todos los israelitas conocían las dimensiones del tamaño del ejército enemigo. Así es como se le describe al principio del relato: *"Porque subían ellos y sus ganados, y venían con sus tiendas en grande multitud como langostas; ellos y sus camellos eran innumerables; así venían a la tierra para devastarla"* (Jueces 6.5). Esta descripción los define como una multitud incontenible.

Ahora, imagínate por un momento que tú eres uno de los miles de israelitas que respondieron al llamado inicial de Gedeón para enfrentar a los madianitas. Seguramente podría haberse encendido en tu corazón un rayo de esperanza al observar que muchos habían respondido, tal como tú. Entonces Gedeón ordena que todos los que tengan miedo vuelvan a sus hogares, y tú aprietas los dientes y te propones quedarte, a pesar de la reducción de aquella armada improvisada. Entonces Gedeón los lleva al arroyo a beber, y luego de algún tiempo empieza a decir algo así como "Tú, puedes volver a casa; pero tú, quédate". Proceso de selección, y tú estás entre los elegidos. Cuando miras al grupo final, se ven como poco más que una reunión de amigos.

¿No crees que te habrías preguntado cómo aquel puñado de granjeros se iba a enfrentar a los innumerables que tenían en contra?

¿Entiendes a lo que me estoy refiriendo? ¡Aquellos hombres tuvieron que ser portadores de una fe comparable con la de Gedeón! Si aplicamos fríamente la lógica, tenemos que reconocer que aquellos trescientos estaban siendo invitados a lanzarse en un ataque suicida. No se nos relata que se rebelaran, que protestaran, o que cuestionaran la estrategia que su líder les proponía. Simplemente confiaron.

En realidad, podemos decir que fue Dios quién los escogió, y por supuesto, Dios sabe exactamente lo que hay en el corazón de las personas, así que Dios supo a quiénes estaba eligiendo.

> *Es, pues, la fe la certeza de lo que se espera, la convicción de lo que no se ve.* (Hebreos 11:1)

La fe — la que tuvieron tanto Gedeón como estos hombres — es esencial, al punto que sin ella es imposible agradar a Dios (Heb. 11.6). Es decir, si vas a cultivar una relación con Dios, necesitas tener fe, como ellos. La fe te va a llevar a hacer locuras, ¡benditas locuras! Esas locuras y sus resultados van a permitir que Dios, el Dios invisible, quede a la vista, revelado para que otros también puedan creer en Él.

☞ 3. UNA ESTRATEGIA RIDÍCULA.

¿Alguna vez te has detenido a analizar la estrategia de batalla de Gedeón? Supongo que no estoy solo al colocarle este título ("Una estrategia ridícula") a esta sección. Con todo respeto al General Gedeón pero, ¡su estrategia era ridícula!

Para empezar, la diferencia numérica entre ambos grupos en oposición, era ridícula. Puedes preguntarle a cualquiera: si se enfrenta un ejército de ciento treinta y dos mil contra uno de trescientos, ¿de qué grupo será la victoria? Además, los madianitas eran soldados con experiencia, que ya hacía cierto tiempo que venían enfrentando y aplastando opositores en la zona. Por su parte, los israelitas eran simples agricultores, sin mucha experiencia en combate, empezando por su líder.

¿Y el armamento? Bueno, unas vasijas, unas antorchas, unas trompetas... ¿Y no quieres que considere ridícula la estrategia? Los enemigos manejaban diestramente las espadas, las lanzas, las jabalinas, los arcos.

Lo que me parece entender aquí es que, a menos que algo muy especial suceda, la propuesta de Gedeón era una receta para el desastre. Y justamente allí es dónde radica la fe, y donde se apoya. Esta victoria se apoya en la realidad de que no era humanamente posible. Dependía enteramente de ese "algo especial" que en realidad es la intervención de Dios.

¿Cuando fue la última vez que te lanzaste a hacer algo sin red de protección?

Tú y yo podemos sentirnos así a veces, indefensos ante el peligro, impotentes ante el desafío. Pero Dios nos trajo a reflexionar en la experiencia de Gedeón y el pueblo de Israel para alimentar nuestra fe, porque es posible que nos conduzca a experimentar lo imposible tal como ellos lo vivieron.

Si te detienes a meditar en ello, encontrarás que esta no es la única historia de estrategias ridículas. Hay un patrón bíblico que nos muestra la intervención de Dios cuando los humanos no pueden. ¿Qué dirías de la conquista de Jericó? ¿Trompetas y gritos ante una ciudad amurallada? ¿Y David ante Goliat? ¿El éxodo? ¿La alimentación de los cinco mil?

Este es el momento en que recibes el desafío. Estás siendo llamado a unirte al ejército de Dios, la comunidad de los que se exponen a lo que tienen delante confiando de todo corazón en Dios, quien los guía e inspira. Y son ellos los que llegan a tener la experiencia de ver a Dios en acción ¡a través de sus manos, sus pies, sus voces o lo que hubiera en sus bolsillos! ¿Quieres ser uno de ellos?

☞ 4. UNA VICTORIA MILAGROSA.

Finalmente, luego de tanto meditar y analizar esta historia, llegamos al punto culminante. Los trescientos entran valientemente, en puntas de pie, al campamento enemigo, densamente poblado de enemigos fuertemente armados y bien entrenados para el combate. El momento decisivo ha llegado, y ya no hay otra alternativa. Estaban divididos en tres divisiones, y Gedeón le hace una seña a los que van con él, unos cien. Se habrían alejado un poco unos de otros, para provocar una mayor impresión. Les había dicho a los otros que hicieran exactamente lo que le veían hacer a él y los que con él estaban. Llevaban las trompetas en una mano y en la otra los cántaros con las antorchas dentro. Entonces lo hizo: quebró el cántaro contra el suelo, alzó la antorcha que empezó a avivarse y brillar en la oscuridad de la noche, se llevó la trompeta a la boca y sopló con fuerza. Los que estaban a su alrededor empezaron a imitarlo, así que se empezaron a escuchar más y más cántaros que se rompían y trompetas que sonaban, mientras las antorchas iluminaban. Lo mismo hicieron los de los otros escuadrones. Gedeón debe haber sido el primero en lanzar aquel grito, "¡Por Jehová y por Gedeón!", bien fuerte. Y los otros hicieron lo mismo.

Esa era su parte.

El resto lo hizo Dios.

Allí es donde Dios nos está llevando a ti y a mí, una y otra vez. Nuestra tarea no es producir el milagro o provocar la victoria. Eso está fuera de nuestro alcance humano. Nuestro trabajo consiste creer y obedecer sin cuestionar, y luego confiar y esperar. El autor del milagro siempre es Él, Dios, nuestro Padre, el que nos invitó a vivir con Él la aventura de la vida cristiana. Que Dios nos ayude para que nunca lo olvidemos, para que jamás se nos ocurra atribuirnos el crédito por la obra que solamente Él puede hacer.

Hemos sido invitados a estar en el lugar correcto, en el momento indicado. Entonces, veremos la gloria de Dios.

¿Cómo se habrá sentido Gedeón, y cómo se habían sentido los trescientos en aquellos momentos? Mientras una sobredosis de adrenalina les tensaba los músculos al máximo, aún sin moverse, empezaron a ver cómo de las tiendas de campaña empezaban a salir hombres armados que sorprendentemente atacaban a cualquiera que se les pusiera delante. Sí, mientras ellos permanecían allí, luchando para permanecer en sus puestos y haciendo sonar las trompetas de vez en cuando, los vieron herirse y matarse unos a otros, mientras que algunos, tal vez ya heridos, salían huyendo como si un ejército de un millón les hubiera dado alcance. Imagino a aquellos trescientos temblando, conteniendo la respiración, mientras aquellas impresionantes escenas se desarrollaban ante sus propios ojos asombrados. Era más que evidente: aquel era Dios, peleando a su favor.

Este testimonio está allí escrito porque ellos salieron de aquel baño de sangre enteros y sin heridas, y lo pudieron contar. Sí, contaron que lo vieron a Dios, vieron la mano de Dios interviniendo en los asuntos de sus hijos, saliendo en su defensa y respondiendo poderosamente a su clamor. Vieron el resultado de la oración y el producto de la obediencia. Y hoy el propio Dios los pone a nuestra consideración para que aprendamos de su ejemplo.

¿Qué aprendes de todo esto?

Por favor, ya no visites esta historia como un relato nada más. Dios inspiró la escritura de estos pasajes para que nosotros nos viéramos reflejados en ellos, para que ahora seamos nosotros quienes ocupemos el lugar que nos corresponde, para que también nosotros lleguemos a ver a Dios tal como aquellos lo experimentaron.

Te invito a considerar tu propia vida, tu historia antes y después de creer en Jesús, lo que has estado viviendo en el último tiempo y los desafíos que Dios ha puesto delante de ti. Tal vez tú mismo, y probablemente también otras personas, han orado a Dios, y Él va a responder. Escucha la voz de Dios, que es posible que te esté invitando a ser parte de su respuesta, y confía, aunque no lo comprendas todo. Dios está obrando.

¿Consideras que tienes poca fe? Recuerda que Dios quiere alimentar tu fe, quiere fortalecerla. Y cuando tu confianza haya alcanzado el nivel aceptable, Dios te llevará a la victoria, donde podrás verlo a Él, obrando por gracia ante tus propios ojos.

Así que cobra aliento. Dios te lleva a una victoria tan grande, que una nueva revelación de su persona, su poder y su gracia llenarán tu vida y tu corazón.

Confía. Dios sabe lo que está haciendo.

Printed in the United States
By Bookmasters